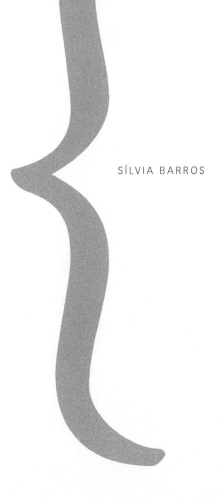

SÍLVIA BARROS

SÉRIE LITERATURA EM FOCO

Literatura de autoria negra

Rua Clara Vendramin, 58 • Mossunguê • CEP 81200-170 • Curitiba • PR • Brasil
Fone: (41) 2106-4170 • www.intersaberes.com • editora@intersaberes.com

Dr. Alexandre Coutinho Pagliarini;
Drª. Elena Godoy; Mª. Maria Lúcia Prado Sabatella;
Dr. Neri dos Santos • conselho editorial

Lindsay Azambuja • editora-chefe

Ariadne Nunes Wenger • gerente editorial

Daniela Viroli Pereira Pinto • assistente editorial

Fabrícia E. de Souza • preparação de originais

Millefoglie Serviços de Edição;
Monique Francis Fagundes Gonçalves • edição de texto

Luana Machado Amaro • design de capa

ArtKio/Shutterstock • imagem de capa

Raphael Bernadelli • projeto gráfico

Mango Design • diagramação

Luana Machado Amaro; Charles L. da Silva • equipe de design

Regina Cláudia Cruz Prestes;
Sandra Lopis da Silveira • iconografia

Dados Internacionais de Catalogação na Publicação (CIP)
(Câmara Brasileira do Livro, SP, Brasil)

Freire, Sílvia Barros da Silva

   Literatura de autoria negra / Sílvia Barros da Silva Freire. -- Curitiba : Editora Intersaberes, 2022. -- (Série literatura em foco).

   Bibliografia.
   ISBN 978-65-5517-060-3

   1. Escritores negros 2. Literatura - História e crítica 3. Negros na literatura I. Título. II. Série.

22-125433   CDD-809

Índices para catálogo sistemático:
1. Literatura : História e crítica 809
Cibele Maria Dias - Bibliotecária - CRB-8/9427

1ª edição, 2023

Foi feito o depósito legal.

Informamos que é de inteira responsabilidade da autora a emissão de conceitos.

Nenhuma parte desta publicação poderá ser reproduzida por qualquer meio ou forma sem a prévia autorização da Editora InterSaberes.

A violação dos direitos autorais é crime estabelecido na Lei n. 9.610/1998 e punido pelo art. 184 do Código Penal.

sumário

agradecimentos, ix

apresentação, xi

como aproveitar ao máximo este livro, xvi

introdução, xix

um   Literatura africana e afro-brasileira, 23
dois   A literatura afro-estadunidense, 67
três   Panorama da literatura negra nas Américas e no Caribe, 115
quatro   Literatura de autoria negra no Brasil, 159
cinco   A literatura e a cultura afro-brasileiras: literatura, cultura, negritude, 197
seis   Mulheres na literatura negra: autoria e representações, 229

considerações finais, 249

referências, 253

bibliografia comentada, 265

respostas, 269

sobre a autora, 275

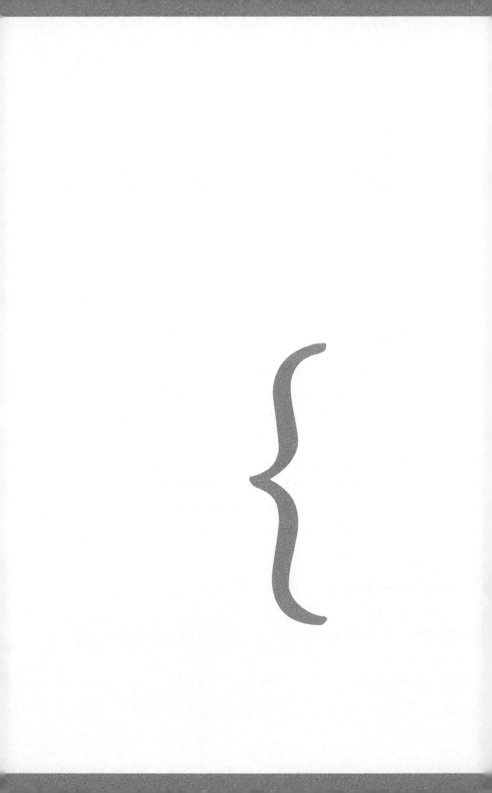

Às ancestrais intelectuais negras da palavra falada, da escrita, da dança, do canto e de todos os fazeres que permitiram nossa chegada até aqui.

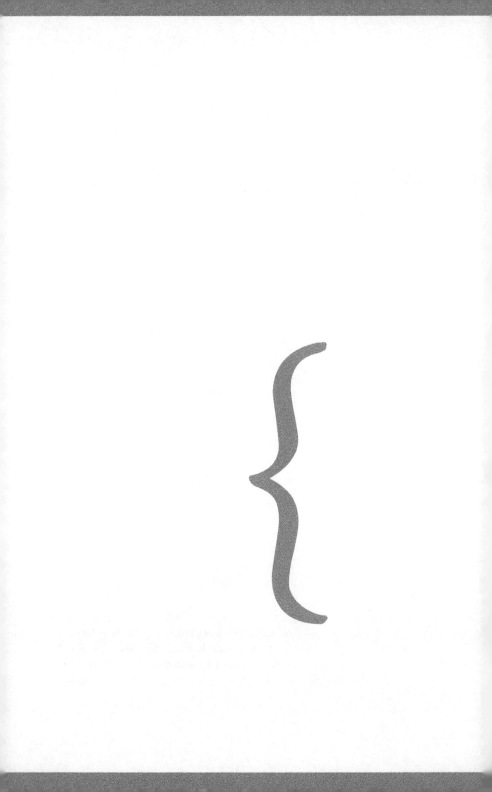

agradecimentos

A MEUS PAIS pelo amor, pelo apoio e, principalmente, pelas oportunidades educacionais e culturais que me ofertaram ao longo da vida.

Às pessoas comprometidas em pensar coletivamente a educação das relações étnico-raciais e o combate ao racismo na escola; ao NeabiCp2 e ao Ererebá, por serem minhas escolas; aos estudantes da educação básica e da pós-graduação, pela troca de conhecimentos, perspectivas e afetos.

A Caroline da Matta e Ingrid Matos pela amizade e pela parceria na criação de sonhos e ações para uma educação antirracista e por me incentivarem a aceitar o desafio de realizar este projeto.

A Débora, minha companheira de vida, por confabular comigo um presente e um futuro de alegria e leveza.

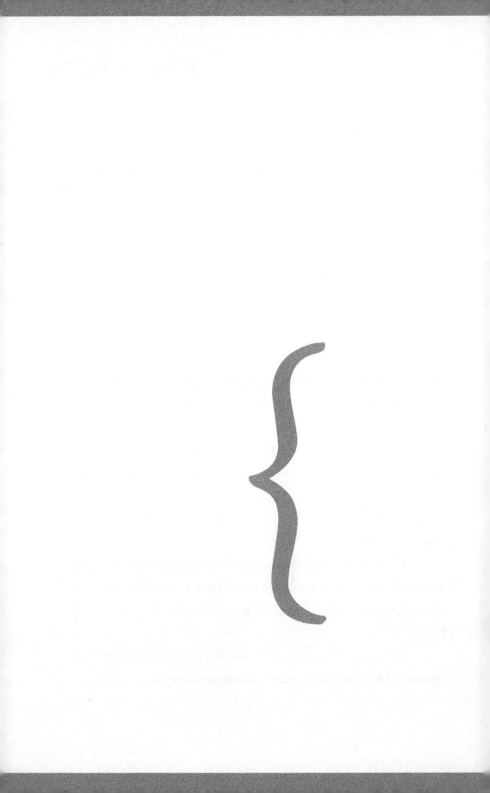

apresentação

OLÁ, LEITOR/A! SE você está abrindo este livro é porque estamos vivendo um momento de conscientização a respeito dos silenciamentos impostos em nossa sociedade e estamos empreendendo um esforço coletivo para alterar a forma como aprendemos, estudamos e ensinamos. Neste escrito, abordamos uma área dos estudos em literatura que aos poucos tem ganhado mais visibilidade: a autoria negra.

Com a Lei n. 10.639, de 9 de janeiro de 2003, no âmbito da educação tornou-se obrigatória a inclusão de conteúdos sobre história e cultura africana e afro-brasileira em todas as instituições de ensino públicas e particulares. Essa lei impulsionou a elaboração de materiais de apoio para docentes dos diferentes níveis de ensino e a divulgação de arte, literatura, ciência e outros conhecimentos criados pelos africanos e seus descendentes. Essa é uma das conquistas históricas do movimento negro brasileiro, entre cujas pautas a educação figura como uma das principais.

Mais recentemente, movimentos sociais como o Black Lives Matter, nos Estados Unidos, e projetos antirracistas abraçados por diversos setores da sociedade têm exigido maior visibilidade e valorização para o trabalho desenvolvido por pessoas negras.

Nessa esteira, a literatura negra está se tornando objeto de estudo de forma mais intensa e profunda e sendo entendida como um elemento importante para a compreensão da literatura brasileira. Muitas grandes editoras e casas editoriais independentes têm investido em escritoras negras e escritores negros, além de traduzirem obras estrangeiras. Constata-se, assim, um avanço acerca do tema.

Ao longo da leitura, você, leitor/a, irá notar que grande parte da bibliografia referenciada é muito recente; algumas delas são obras resgatadas do passado e reeditadas, outras são produções importantes recém-traduzidas do pensamento negro estadunidense, sul-americano e caribenho. Isso demonstra estar em curso uma alteração no público leitor e a formação de um interesse maior sobre a temática das relações raciais. Contudo, ainda existem muitas lacunas e percebe-se a necessidade de produzir mais obras que deem conta de sistematizar a literatura negra.

Dessa forma, este livro pode ser entendido como uma orientação, um guia por esse percurso longo de elaboração de uma voz literária criada por pessoas negras para expressar sua poética, sua ficção, sua imaginação de outras realidades e sua denúncia da realidade vivida. Usamos as palavras *guia e orientação*, pois acreditamos que o volume de obras e a profundidade da discussão não se esgotaria neste livro; esta é apenas uma pequena contribuição. No entanto, desejamos que, a partir desta leitura, pesquisadores e pesquisadoras da área de letras e literatura possam descortinar mundos desconhecidos e buscar novas fontes, outros conhecimentos e outras referências.

Por se tratar de um assunto tão amplo, escolhemos fazer um percurso que se inicia no período colonial, no contexto da escravidão, e termina nas expressões literárias contemporâneas que relacionam raça e gênero. Para tanto, organizamos o livro em seis capítulos.

No Capítulo 1, refletiremos acerca das representações do negro na literatura canônica e na literatura de autoria negra. Apresentaremos alguns dos elementos básicos para a formação da literatura de autoria negra, incluindo a questão da oralidade e a produção no contexto escravista e colonial, tanto no continente americano quanto no africano.

Dedicaremos o Capítulo 2 à produção negra estadunidense, apresentando seus principais representantes e as manifestações literárias relacionadas a períodos importantes da história dos Estados Unidos, como o Renascimento do Harlem, no início do século XX, e as lutas pelos direitos civis nos anos 1960.

No Capítulo 3, voltaremos nossa atenção às expressões literárias produzidas na diáspora africana, especialmente nas Américas e no Caribe. Comentaremos sobre elementos recorrentes nas literaturas de autoria negra desses territórios e identificaremos a herança africana que tece essas expressões literárias.

A partir do Capítulo 4, daremos ênfase às produções brasileiras. Nesse capítulo, refletiremos sobre a constituição da literatura afro-brasileira e sua relação com fenômenos culturais que priorizam a temática étnico-racial e sua inserção no cânone. Além disso, discutiremos a constituição de um cânone literário e comporemos um panorama da literatura negra com vistas à construção de cânone negro.

No Capítulo 5, refletiremos sobre as representações do negro na cultura brasileira, sobre a teoria literária afro-brasileira. As obras literárias em prosa e verso se tornarão o centro da análise, pois nelas se localizam as autorrepresentações do povo negro.

Por fim, no Capítulo 6, abordaremos os principais aspectos da autoria feminina negra relacionando essas obras aos femininos, aos movimentos sociais e à reafirmação da literatura como espaço de resistência.

Com essa abordagem, esperamos que as pessoas em busca de material de pesquisa e ampliação do conhecimento reconheçam as marcas da cultura africana em suas vidas, contribuindo, assim, para que nossa literatura seja valorizada e para que o projeto antirracista encampado por nós se amplie e seja vitorioso!

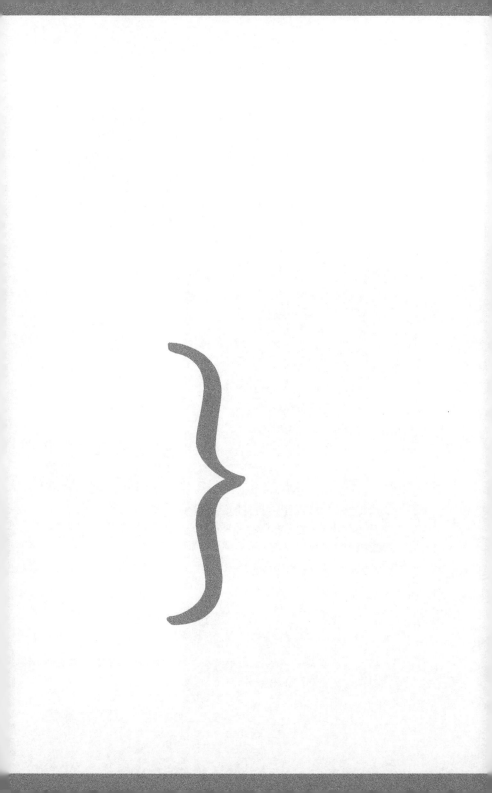

como aproveitar ao máximo este livro

Empregamos nesta obra recursos que visam enriquecer seu aprendizado, facilitar a compreensão dos conteúdos e tornar a leitura mais dinâmica. Conheça a seguir cada uma dessas ferramentas e saiba como elas estão distribuídas no decorrer deste livro para bem aproveitá-las.

Logo na abertura do capítulo, informamos os temas de estudo e os objetivos de aprendizagem que serão nele abrangidos, fazendo considerações preliminares sobre as temáticas em foco.

Ao final de cada capítulo, relacionamos as principais informações nele abordadas a fim de que você avalie as conclusões a que chegou, confirmando-as ou redefinindo-as.

e escritoras nesses movimentos, reforçando que a literatura e a arte em geral são meios excelentes para resgatar e divulgar as marcas da herança africana em nossa cultura.

Indicações culturais

MUSEU AFROBRASIL. Disponível em: <https://www.museuafrobrasil.org.br/acervo-digital>. Acesso em: 21 nov. 2022.

O Museu AfroBrasil, localizado na cidade de São Paulo, possui um acervo que contempla as mais diversas facetas da cultura afro-brasileira, mostrando as influências africanas na construção do Brasil para além das imagens cristalizadas dos africanos como escravos. Com uma visita ao site, é possível conhecer um pouco da instituição.

Atividades de autoavaliação

- Marque a opção que define corretamente o conceito de diáspora africana:
- Dispersão de pessoas africanas decorrente do comércio transatlântico de pessoas escravizadas e, continuamente, de pessoas africanas e afrodescendentes em diferentes partes do mundo.
- Imigração contemporânea de africanos para o Brasil.
- Retorno dos africanos e seus descendentes para o continente africano após a abolição da escravatura.
- Experiência de africanos de países colonizados nas metrópoles europeias.
- Encontro de pessoas negras em determinadas comunidades da América do Sul.

> *Apresentamos estas questões objetivas para que você verifique o grau de assimilação dos conceitos examinados, motivando-se a progredir em seus estudos.*

---

de cunho cultural, religioso e artístico, como os cantos das congadas, os cantos de lamento, as narrativas de escravizados, o rap, entre tantas outras.

Além disso, compusemos um breve panorama da literatura no contexto colonial nas Américas e na África de expressão lusófona. Identificamos caminhos que se cruzam e elementos característicos dos diferentes territórios, o que permitirá aprofundar nossas análises nos capítulos que se seguem.

Indicações culturais

DR. GAMA. Direção: Jeferson De. Brasil, 2021. 120 min.
Trata-se de um filme baseado na biografia de Luiz Gama, homem negro que usou leis e tribunais para libertar mais de 500 escravizados. Um abolicionista e republicano que inspirou o país, além de ter sido um grande poeta.

KEITA! O legado do griot (Keita! L'héritage du griot). Direção e roteiro: Dani Kouyaté. Burkina Faso, 1997. 96 min.
O filme retrata o conflito entre a história ensinada na escola e a memória preservada pela tradição oral quando o velho griot Djeliba passa a viver na residência da família Keita para realizar a iniciação do menino Mabo nas tradições familiares.

Atividades de autoavaliação

- Marque verdadeiro (V) ou falso (F) nas afirmações a respeito dos estereótipos divulgados por meio da literatura canônica sobre as pessoas negras:

> *Para ampliar seu repertório, indicamos conteúdos de diferentes naturezas que ensejam a reflexão sobre os assuntos estudados e contribuem para seu processo de aprendizagem.*

---

bibliografia comentada

CUTI. Literatura negro-brasileira. São Paulo: Selo Negro, 2010.

Esta obra concebe a literatura negro-brasileira com argumentos que defendem o seu desse termo, o não de literatura afro-brasileira. A marca social, para o autor, faz enorme diferença, pois trata-se de obras elaboradas com base em uma vivência específica de negros e negras do Brasil. Há ainda a análise da tradição literária brasileira, que tende a apagar o sujeito negro, seja pelo embranquecimento, seja pelo desaparecimento.

DUARTE, E. de A. (Coord.). Literatura afro-brasileira: 100 autores do século XVIII ao XX. Rio de Janeiro: Pallas, 2014.

O livro, coordenado por Eduardo Assis Duarte e escrito por 14 integrantes do grupo de pesquisa liderado pelo professor, reúne 100 verbetes com nomes de autores negros e negras desde o século XVIII até o século XX. A consulta e a leitura desse material permitem expandir conhecimentos sobre autoria negra, tendo contato com a biografia e a bibliografia de seus escritores/as.

> *Nesta seção, comentamos algumas obras de referência para o estudo dos temas examinados ao longo do livro.*

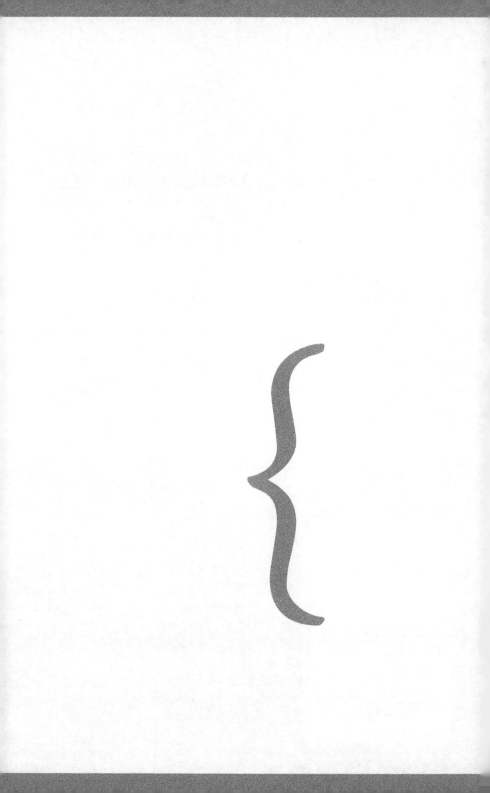

introdução

O QUE OS africanos e as africanas trouxeram para este país quando vieram de maneira forçada construir uma nação com seus próprios braços? Como a experiência afro-brasileira se relaciona com as experiências dos demais negros na diáspora americana e no continente africano? Que obras de autoria negra você já leu? Quem são os escritores negros e as escritoras negras que fazem a literatura brasileira?

Para iniciarmos, é importante situar a literatura negra como um ato de rebelião contra as ideias concebidas sobre o sujeito negro desde o início da colonização. Como seres animalizados, considerados destituídos de alma e valores, africanos e seus descendentes foram privados da valorização de seus conhecimentos e de suas expressões artísticas. Dispositivos legais foram criados para afastar pessoas negras da escola. Em 1854, por exemplo, ficou estabelecido, pelo Decreto n. 1.331, que nas escolas públicas do país não seriam admitidos escravos e que a admissão de adultos negros livres dependeria da disponibilidade de professores. Em 1878, o Decreto n. 7.031-A definiu que negros só poderiam frequentar o período noturno.

Todavia, as tecnologias ancestrais promoveram diversas formas de resistência e permitiram a sobrevivência de costumes, tradições e memória. Foi possível, até mesmo, dominar a língua do colonizador, modificá-la e utilizá-la para escrever as próprias histórias.

Dessa forma, pensar a intelectualidade negra é acompanhar um movimento revolucionário que começa na África e que passa pela manutenção das tradições culturais africanas e sua reelaboração nos contatos com outros povos, chegando à escrita literária que, já no século XIX, se constitui uma escrita negra, de fundo abolicionista, como nos casos de Maria Firmina dos Reis e Luiz Gama. Ao emergir como ato consciente de expressão da identidade racial, a literatura negra tensiona o regime de democracia racial, denuncia a falácia que o construiu e busca formas para demolir as bases do racismo. Em uma sociedade estruturada sobre o racismo, o caminho é longo e o trabalho, árduo; porém, a partir deste ponto, daremos um passo para compreender como a literatura dialoga com as relações raciais estabelecidas: quais são as imagens criadas sobre pessoas negras pela literatura tradicional eurocentrada, quais são as rupturas e manutenções promovidas por autores negros e negras, que obras nos permitem reconhecer processos do passado e projetar futuros.

um	**Literatura africana e afro-brasileira**
dois	Literatura afro-estadunidense
três	Panorama da literatura negra nas Américas e no Caribe
quatro	Literatura de autoria negra no Brasil
cinco	Literatura e cultura afro-brasileiras: literatura, cultura, negritude
seis	Mulheres na literatura negra: autoria e representações

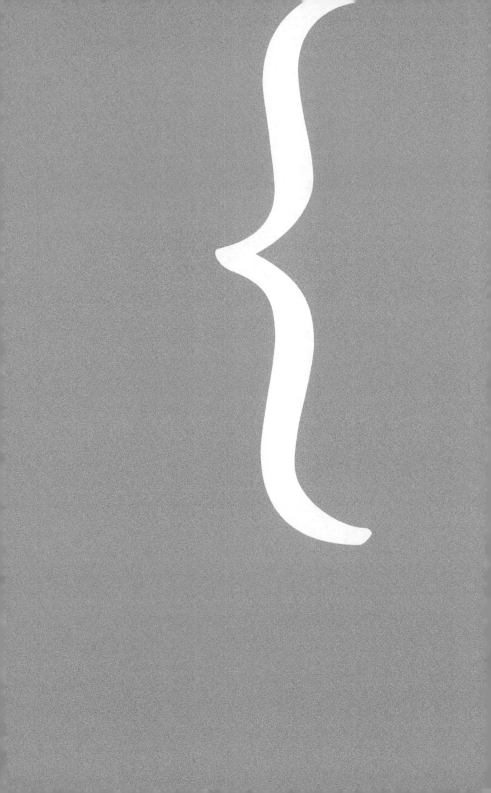

❰ COMO ANUNCIAMOS NA introdução do livro, o tema desta obra não pode ser tomado de modo desconectado das demais realidades com as quais tem relação de identidade e alteridade, ou seja, sem que levemos em conta os pontos de identificação, semelhança e espelhamento, bem como os pontos de divergência, conflito e distanciamento. Nesse sentido, é necessário estudar as origens, as bases da literatura de autoria negra, os sistemas linguísticos e culturais dos quais se originou a cultura afro-brasileira. Ainda, não podemos excluir da discussão os sistemas de dominação socioculturais que forjaram um cânone estruturado em elaborações limitantes e estereotipadas sobre os negros.

Considerando as identificações, voltamo-nos para o continente de origem, a África, questionando como se desenvolvem, no continente africano, expressões literárias no contexto colonial. Uma parte dessa literatura é de expressão lusófona, ou seja, escrita em língua portuguesa, pois alguns países foram submetidos à colonização de Portugal – e é essa literatura que analisaremos. Vale lembrar que os países africanos que têm como idioma oficial o português são: Guiné-Bissau, Angola, São Tomé e Príncipe, Moçambique e Cabo Verde.

Nossa literatura tem, portanto, alguns aspectos em comum com as literaturas africanas em língua portuguesa, especialmente no que tange aos processos de colonização e assimilação da língua e às tradições orais que vieram para território americano e se tornaram elementos importantes para estudar como essa tradição se mantém na cultura brasileira.

Iniciemos, tratando sobre as representações da literatura canônica e as autorrepresentações.

umpontoum
Representações da literatura canônica e autorrepresentações

Quando as primeiras manifestações literárias começaram a surgir em solo brasileiro, as interações entre negros e brancos já estavam estabelecidas em uma relação de senhor e escravizado, ser humano e coisa. Dessa perspectiva surgiram as primeiras representações de pessoas negras na literatura brasileira.

No século XIX, com o Romantismo como movimento artístico e literário que construiu as bases para forjar as feições da nação brasileira, as imagens estereotipadas começaram a ser consolidadas na produção literária brasileira. O elemento indígena, na primeira fase do Romantismo, foi o eleito como símbolo da nação brasileira, com base em valores europeus, é claro; a ideia era criar um afastamento tanto da imagem do português, o explorador, colonizador, quanto da imagem do africano, elemento sem nobreza suficiente para representar a imagem do Brasil.

No século da abolição da escravatura, a pessoa negra começou a ser, paulatinamente, inserida na literatura como participante da vida social. As pessoas negras foram inventadas pelos brancos para caberem no ideal de nação que estava sendo criado. Dessa forma, há dois tipos de obra: aquelas em que não há pessoa negra, no máximo como figurante, empregada, moleque de recados ou atendente de balcão; e aquelas em que a pessoa negra figura sob a camada caricatural – de camaradagem ou de ameaça. Em ambos os casos, há um direcionamento para a construção das noções de democracia racial e mestiçagem que culminarão em discursos que neutralizam as tensões raciais ao dizer que não há brancos e negros no Brasil, mas, sim, mestiços, e que, se há negros, são tratados como iguais, sem preconceito de cor.

Na contramão desse processo, foi também no século XIX que surgiram produções literárias de autoria negra. Algumas delas, já nessa época, buscavam criar rotas de fuga desses estereótipos, rotas essas que se consolidaram mais tarde, em meados do século XX.

Na próxima seção, passaremos a uma visão geral dessas duas vertentes: as representações canônicas e as autorrepresentações.

1.1.1 Representações e estereótipos

Muitos teóricos da literatura brasileira que pesquisam a presença do negro na literatura destacam estereótipos recorrentes no tratamento dado a personagens negras por autores brancos e autoras brancas (Brookshaw, 1983; Proença Filho, 2004; Evaristo, 2005). Considerando modelos mais recorrentes, selecionamos dois para exemplificar e analisar: o negro dócil/a mãe preta; o negro ameaçador/a negra hipersexualizada. Relacionamos, para cada categoria, arquétipos dos gêneros masculino e feminino, pois, em nossa análise, há atitudes e discursos que orientam gênero em relação à raça e, por isso, se diferenciam. Antes de fazermos o detalhamento desses estereótipos, enfatizamos que tais procedimentos literários não ficaram no passado; eles continuam sendo atualizados nas produções contemporâneas, uma vez que ainda não superamos a constante conduta de rebaixamento e invisibilização de indivíduos negros, muitas vezes fantasiada de cordialidade racial.

O negro dócil/a mãe preta
Toni Morrison, no ensaio *Romantizando a escravidão* (2019a), ao analisar o romance *A cabana do pai Tomás*, mostra que uma das estratégias de controle sobre o negro elaborada pela autora do romance, Harriet Beecher Stowe, é mostrar sua docilidade, seu desejo de bem servir:

> *Diferentes, mas não menos reveladoras são as tentativas de "romantizar" a escravidão, de torná-la aceitável, preferível até,*

> *humanizando-a e até mesmo valorizando-a. O controle, seja bem-intencionado, seja ganancioso, no fim das contas talvez nem seja necessário. Entendem? É o que diz Harriet Beecher Stowe para seus leitores (brancos). Calma, ela diz. Os escravos sabem se controlar. Não tenham medo. Os negros só querem servir.* (Morrison, 2019a, p. 32)

A escritora estadunidense mostra como a literatura canônica serviu para moldar as mentes quanto às atitudes raciais esperadas para as relações entre negros e brancos. De forma muito parecida, há exemplos na literatura brasileira que atribuem à pessoa negra escravizada o papel idealizado de ser dócil, bondoso, muitas vezes física ou simbolicamente embranquecido. Cuti (2010) afirma que, na obra literária de autoria branca, principalmente nas produções do século XIX, a pessoa negra desaparece, seja pela morte da personagem, seja pelo embranquecimento consequente da miscigenação.

Um exemplo bastante evidente é a escrava Isaura, protagonista de livro de mesmo nome, cuja aparência nem mesmo remete a suas origens africanas. Uma mulher tão boa, nobre e digna de amor não poderia ser retratada com a pele escura segundo a ideologia racista. Isso mostra que, apesar de se apresentar como um romance abolicionista, tal obra mantém profunda relação com o racismo e com a manutenção de um lugar social para as pessoas negras que incluía submissão. O livro de Bernardo de Guimarães tornou-se uma obra clássica do Romantismo brasileiro e foi adaptada para telenovela, fazendo grande sucesso.

Aluísio Azevedo faz uma elaboração estereotipada de suas personagens, inclusive por se tratar de um procedimento característico do estilo por ele seguido: o Naturalismo. Nesse movimento literário, o determinismo biológico molda os comportamentos das personagens. Nesse sentido, Raimundo, protagonista do romance *O mulato*, reconhece o preconceito que sofre, mas, na maior parte do tempo, a humilhação que sofre é retribuída com submissão. Além disso, assim como Isaura, Raimundo é um mestiço, uma pessoa que foi escravizada, porém que guarda em seu corpo traços mais suavizados de suas origens africanas. Essa também é uma estratégia para que o público aceite melhor as personagens negras, mais próximas do ideal branco, embora não próximas o suficiente para ganharem o mesmo *status* de humanidade e cidadania que os brancos.

Uma figura negra que reflete a imagem aceitável é a da mulher que serve, cuida e dá afeto: a mãe negra. Mulher que parece ter abdicado da própria vida em favor de seus senhores. O que se esconde por trás das relações de amor entre a escravizada ou a empregada doméstica é que se trata de um papel imposto pela escravidão e pela necessidade de sobrevivência. Assim, essa mulher deixa de cuidar da própria família, passando a cuidar das crianças brancas a quem serve.

Algumas personagens ficam no limiar entre estereótipos, como é o caso de Bertoleza, do romance *O cortiço*. Ao mesmo tempo que representa a mãe preta, a mulher que trabalha de forma incansável, ela é ameaçadora, uma vez que não corresponde a uma negritude feminina idealizada, embranquecida, suavizada.

Pelo contrário, Bertoleza é animalizada, inclusive por sua força física:

> Bertoleza representava agora ao lado de João Romão o papel tríplice de caixeiro, de criada e de amante. Mourejava a valer, mas de cara alegre; às quatro da madrugada estava na faina de todos os dias, aviando o café para os fregueses e depois preparando o almoço para os trabalhadores da pedreira que havia para além de um grande capinzal nos fundos da venda. Varria a casa, cozinhava, vendia ao balcão da taverna, quando o amigo andava ocupado lá por fora; fazia sua quitanda durante o dia no intervalo de outros serviços, e à noite passava-se para a porta da venda, e, defronte do fogareiro de barro, fritava fígado e frigia sardinhas, que Romão ia, pela manhã, em mangas de camisas, de tamancos e sem meias, comprar à praia do Peixe. E o demônio da mulher ainda encontrava tempo para lavar e consertar, além da sua, a roupa do homem, que esta, valha a verdade, não era tanta e nunca passava em todo o mês de alguns pares de calças de zuarte e outras tantas camisas de riscado. (Azevedo, 1995, p. 17)

Esse trecho explicita, logo em seu início, o caráter dócil de Bertoleza, que, assim como a Irene de Bandeira, exibe bom humor – "cara alegre" – e passa o dia inteiro explorada por João Romão. Ao final do parágrafo, o narrador chama Bertoleza de "demônio", uma vez que não é humano, não é natural que alguém possa exercer tantas funções durante o dia. Esse caráter inumano, que parece positivado nessas e em outras narrativas, naturalizou a força excessiva de trabalho a ser exigida de pessoas negras, tanto mulheres quanto homens.

Uma figura que frequenta o imaginário brasileiro desde os anos 1920 é Tia Anastácia. Exemplo de mãe preta, essa personagem se situa no contexto da pós-abolição ainda cercada pelas relações serviçais para a família branca habitante do Sítio do Pica-Pau Amarelo. Na obra criada por Monteiro Lobato, reconhecido seguidor da ideologia eugenista, Tia Anastácia é boa, humilde e generosa, mesmo sendo, vez ou outra, insultada por algum dos habitantes do sítio, inclusive pela boneca Emília. A obra de Lobato, considerada um clássico na literatura infantil e juvenil, contém inúmeros aspectos racistas que muitas pessoas se recusam a reconhecer.

> Os eugenistas defendiam a ideia do melhoramento da espécie humana por meio das qualidades de determinada raça. No caso do Brasil, os eugenistas defendiam o embranquecimento com a miscigenação entre negros e brancos, a fim de criar, no futuro, uma sociedade livre de traços africanos.

A figura da mãe preta é, na contemporaneidade, atualizada pela empregada doméstica, que exerce o papel de conselheira, amiga, "quase da família", podendo ser apresentada até na figura de uma mulher mais jovem e fisicamente distanciada da imagem da matrona negra. Um exemplo disso está no conto *Antes do baile verde*, de Lygia Fagundes Telles (2018). O conto foi publicado em livro de mesmo título, no ano de 1970. Em meio à atmosfera ambígua de suspense e entusiasmo pelo carnaval, surgem duas personagens que são denominadas pelo narrador externo como "a jovem" e "a preta". A linguagem e a escolha vocabular apontam para uma atualização da personagem negra. A falta de paralelismo na escolha dos adjetivos substantivados mostra como a racialização da segunda já a coloca em seu lugar, o lugar de serviço. O serviço, em pleno carnaval, é ajudar a confeccionar a fantasia da "jovem". Pessoas brancas não são nomeadas de acordo com sua cor, mas, quase um século após a abolição da escravatura, a mulher que exerce o trabalho doméstico ainda é nomeada da mesma forma que suas antepassadas escravizadas: "a preta", como metonímia de empregada, serviçal, escrava.

O negro ameaçador/a negra hipersexualizada

Como mencionamos, algumas personagens se deslocam entre estereótipos. Conceição Evaristo aponta isso:

> *Na ficção, quase sempre, as mulheres negras surgem como infecundas e por tanto perigosas. Aparecem caracterizadas por uma animalidade como a de Bertoleza que morre focinhando, por uma sexualidade perigosa como a de Rita Baiana, que macula a família portuguesa, ambas personagens de* O Cortiço (1890), *de Aloísio de Azevedo, [...].* (Evaristo, 2005, p. 53)

Como a proposta do romance naturalista era analisar os tipos com base em suas características genéticas e no determinismo de classe, em *O cortiço*, aparece a preta Bertoleza e a parda, negra mestiça, Rita Baiana. Ambas são animalizadas, porém, se a primeira é mais atrelada ao trabalho, a segunda tem características sexuais exacerbadas, o que é uma ameaça às famílias brancas, de onde os homens saem para perseguir os encantos da baiana. Logo, há uma continuidade da visão colonial sobre as relações entre senhores e mulheres escravizadas. Em vez de atribuir as ações de violência e abuso aos senhores, atribuem-se características de sedução e sexualidade exacerbada à mulher negra. Outro texto que exemplifica essa contínua estetização da violência colonial é o poema *Essa nega Fulô*, de Jorge de Lima:

> O Sinhô foi açoitar
> sozinho a negra Fulô.
> A negra tirou a saia
> e tirou o cabeção,
> de dentro dele pulou
> nuinha a negra Fulô.
> [...]
> Ó Fulô! Ó Fulô!
> Cadê, cadê teu Sinhô
> que Nosso Senhor me mandou?
> Ah! Foi você que roubou,
> foi você, negra Fulô? (Lima, 1958, p. 291-293)

Nesse trecho, que finaliza o poema, a cena de agressão física que se inicia com a intenção do açoitamento da mulher se transforma em uma espécie de lamentação da senhora por ter perdido o marido para a negra. Obras como essa reforçam a ideia de que as mulheres negras constituem um perigo para as famílias.

No gênero dramático, também há exemplos de personagens que representam o negro perigoso. Um exemplo bastante conhecido é a peça *O demônio familiar*, de José de Alencar. No texto, André, um rapaz escravizado, é apresentado como alcoviteiro, mentiroso, criador de problemas entre os brancos, alguém que está sempre executando um plano por ambição. É nítido que a ambição de André é se tornar cocheiro, ou seja, continuar como escravo, mas exercendo uma função que o agrada mais. Além de perigoso, André é apresentado como incapaz de responder por seus atos, o que aciona também o estereótipo da pessoa negra infantilizada ou intelectualmente limitada. No jogo perverso do abolicionismo literário, André termina alforriado por seu senhor como uma espécie de castigo, pois, dali em diante, ele não teria mais a proteção da família e passaria a pagar por seus erros.

Convém registrarmos que, na literatura, com o passar das décadas, as imagens ameaçadoras de negros vão se tornando mais raras, assim como o uso de termos degradantes para se referir a essas pessoas. Com o advento da televisão e do cinema, as imagens de controle mais brutais passaram a ser divulgadas por filmes, novelas e programas de humor. Isso mostra que há uma atualização constante, com proveito das novas tecnologias, do racismo nas obras de ficção. A literatura infantil também se configura como espaço de constante avaliação e revisão crítica, principalmente pela incidência maior de imagens, pois é por meio delas que as pessoas estabelecem suas primeiras relações com a leitura, seja em casa, seja na escola. É fundamental que essas obras não proliferem visões deturpadas e estereotipadas das pessoas negras; com isso em mente, deve-se conhecer a intensa produção negro-brasileira de livros infantis e juvenis.

1.1.2 Representações e autoafirmação

Antes de iniciar esta seção, cumpre declararmos que, ao contrário do que muitos pensam, a proposta de autorrepresentação na autoria negra não busca uma autossegregação e não se refugia em duas ou três propostas cristalizadas do ser negro. Pelo contrário, a autoria negra propõe imaginar mundos possíveis para pessoas negras contemplando a diversidade que existe nesse grupo. Entretanto, em razão de anos de silenciamento e discriminação, há alguns aspectos da experiência negra que se sobressaem nas elaborações literárias em prosa e em poesia; seu estudo pode, antes de delimitar espaços, ajudar a entender os caminhos para a liberdade iniciados há tanto tempo.

Datam do século XVIII as primeiras notícias de produções literárias na diáspora negra. Uma parte dessa produção está no âmbito do testemunho e da luta abolicionista. No Brasil, isso se revelou de modo mais claro a partir do século XIX com autores e autoras que produziram obras literárias as quais, na contramão dos textos que analisamos anteriormente, criam ficcional ou liricamente a imagem negra positiva e conectada com a realidade dos africanos e afrodescendentes que experimentavam a realidade colonial (e pós-colonial com a herança do período anterior).

Diferentemente das produções inseridas na escola do Romantismo, as poucas obras de autoria negra de que temos notícia e que estavam comprometidas com a elaboração de perfil negro honesto e justo não forjaram estereótipos, mas, sim, individualidades que vivenciaram a tragédia coletiva da escravidão. Somente em meados do século XX, com a força do movimento negro, ficou evidente o esforço pela construção de uma imagem positiva e combativa a respeito do povo negro.

Considerando esses aspectos, selecionamos dois procedimentos de autoapresentação que conectam as produções mais antigas e mais contemporâneas sem, é claro, ter pretensão de esgotá-lo, mas sabendo que, ao longo desta obra, teremos oportunidade de avançar nesse tema. Os procedimentos são: imagens da ancestralidade e afirmação da negritude.

Imagens da ancestralidade

Uma das bases para a criação da literatura de autoria negra é o refazimento poético de nossa linhagem africana. Esse ato de voltar-se para o passado é tanto reparador, pois no passado nossos ancestrais não tiveram direito à voz ou à escrita, quanto inspirador, porque são os saberes ancestrais que nos trouxeram até aqui por meio da oralidade, das danças, da culinária, das curas naturais, da espiritualidade etc. Portanto, esse é um tema recorrente que conta com exemplos de grande beleza, como o poema *Vozes-mulheres*, de Conceição Evaristo (2017a, p. 24-25), do qual reproduzimos alguns versos a seguir:

> A voz de minha bisavó
> ecoou criança
> nos porões do navio.
> Ecoou lamentos
> de uma infância perdida.
> A voz de minha avó
> ecoou obediência
> aos brancos-donos de tudo.

Nesse poema, o eu lírico traça árvore genealógica da voz, desde sua bisavó até sua filha, para mostrar o caminho da liberdade e a continuidade entre essas mulheres. Nessa perspectiva, não há espaço para vitórias individuais, trata-se sempre de uma conquista que remonta a primeira pessoa que, contra sua vontade, foi colocada em um navio rumo ao desconhecido. No encontro entre passado e presente, há uma forte referência ao culto dos Orixás, o que também se configura como uma poética da ancestralidade. O poema *Obá Kassô*, de Ricardo Aleixo (2018, p. 30), é um exemplo. A seguir, alguns versos desse trabalho:

> *Xangô, Obá Kassô, cobre*
> *a cabeça com sua coroa de cobre*
> *e chega, portando a pedra do raio:*
> *tudo brilhando nele, tudo*

Ao exaltar a figura de Xangô, o poeta também enaltece africanos e africanas que trouxeram o culto aos orixás para as terras brasileiras fazendo-o permanecer vivo até os dias de hoje apesar das proibições, do desrespeito e da discriminação contra seus praticantes. A existência de uma literatura negra no Brasil se deve, em grande parte, às tradições orais que sobreviveram nas religiões de matriz africana, como analisaremos mais adiante.

O resgate da história do povo negro tem sido tema de produções literárias recentes, especialmente na prosa que combina dados históricos com memória de família e rastros de informações recolhidas transformadas em narrativa. Podemos citar a obra monumental *Um defeito de cor*, de Ana Maria Gonçalves (2014). O romance de quase mil páginas conta a história de Kehinde, que ficou conhecida pelo nome de Luísa Mahin, mulher reconhecida por Luiz Gama como sua mãe. Mahin participou das lutas pela liberdade do povo escravizado, tendo colaborado com a Revolta do Malês. Ao elaborar uma história digna de sua importância, Ana Maria Gonçalves ajuda a compor a memória e a imagem de nossa ancestralidade.

Do ponto de vista mais pessoal, mas ainda narrando fatos que conectam o passado da maioria das pessoas negras das Américas, podemos citar o romance *Água de barrela*, de Eliana Alves Cruz. Investigando o próprio passado, a fim de entender quem foram, de onde vieram e como viveram seus antepassados, a jornalista e escritora narra um recorte da história do Brasil deslocando a perspectiva do colonizador para o escravizado, de modo a questionar e rasurar as informações que naturalizamos em nossos aprendizados de história:

> *Era estranho esse negócio de "ventre livre", pensava, pois afinal, do que adiantava uma criança livre sem ninguém para olhar por ela? E além do mais, essa lei era completamente ignorada pela maioria dos senhores. Leu o texto da lei datada de setembro de 1871 e, no seu entender, ela era o cúmulo do cinismo, pois os nascidos do ventre livre tinham que permanecer sob o poder dos senhores até os oito anos de idade. Quando chegavam a essa idade, o senhor podia optar por entregar a criança ao estado, e em troca receber 600 mil-réis, ou continuar a desfrutar dos serviços do ingênuo até completar os 21 anos de idade. Este último era o caso dele.* (Cruz, 2018, p. 127)

O personagem Adônis desmascara a falsa liberdade que as leis criadas a partir de meados do século XIX sugerem. Nós, ao lermos o romance, acompanhamos o processo de descoberta dos personagens e descobrimos também falácias, informações incorretas ou escondidas. O conhecimento do passado e o acesso às próprias narrativas estão diretamente relacionados à busca pela autoestima e pela afirmação da identidade racial. Dessa forma, as imagens da ancestralidade e a afirmação da negritude são duas faces de uma mesma realização poética.

Afirmação da negritude

Ao longo da história do Brasil e, principalmente no início do século XX, se intensificaram as propostas de construção de um imaginário mestiço do país. Com isso, moldaram-se as ideias de cordialidade entre as raças e de democracia racial, consolidou-se a proposta de um Brasil miscigenado em que ninguém pertence a uma raça específica que não a própria "raça brasileira". São considerados os principais pensadores dessa linha Gilberto Freyre, autor da obra *Casa-grande e senzala*, e Sérgio Buarque de Hollanda, autor de *Raízes do Brasil*.

Subjacentes a isso estavam as ideias de branqueamento da população, já iniciadas na segunda metade do século XIX, por meio da proposta eugenista, que tinha como premissa a hierarquia entre as raças e a miscigenação como solução para o excesso de sangue africano no país. Essa ideia foi internalizada por boa parte da população, que, ao naturalizar o preconceito racial, acreditou no melhoramento da sociedade pelo embranquecimento.

No entanto, houve uma parcela da população negra que, percebendo o resultado da discriminação na falta de oportunidades de emprego, na precarização da moradia, na escassez dos transportes em áreas de população majoritariamente negra, entre outros fatores, continuou reivindicando uma identidade negra para si (e para sua comunidade); lutando pela permanência de seu povo, de sua cultura e de suas tradições; produzindo obras artísticas que destacassem a positivação do ser negro e a importância de empregar tal palavra para se autodefinir. O corpo, as características físicas servem como ponto de partida para reivindicar a existência.

Carlos de Assumpção é um poeta veterano que teve, aos 93 anos, sua obra relançada como poesia reunida, incluindo inéditos. Trata-se de um homem que presenciou diferentes processos e ciclos da negritude brasileira, acompanhando-os com a sensibilidade de artista. Por todo esse período, a cor da pele, a textura do cabelo, os sinais de que há algo de África em si não deixaram de ser presença em sua poesia. Uma presença necessária e acolhida, mas sempre vulnerável, uma vez que, como se coloca no poema, não se trata da escolha para um estilo capilar, mas, sim, do conjunto de aspectos que fazem alguém ser reconhecido como negro/a.

Já em 1861, em *Primeiras trovas burlescas*, Luiz Gama expunha em sua poesia, como contraponto ao colonizador, a imagem do negro e da negra como seres elevados em beleza e importância. No poema *Lá vai verso*, ele emprega termos provenientes de idiomas africanos, e faz a caracterização do corpo negro autoafirmado:

> Ó Musa da Guiné, cor de azeviche,
> Estátua de granito denegrido,
> Ante quem o Leão se põe rendido,
> Despido do furor de atroz braveza;
> Empresta-me o cabaço d'urucungo,
> Ensina-me a brandir tua marimba,
> Inspira-me a ciência da candimba,
> Às vias me conduz d'alta grandeza.
> [...]
> Quero que o mundo me encarando veja,
> Um retumbante Orfeu de carapinha,
> Que a Lira desprezando, por mesquinha,
> Ao sim decanta da Marimba augusta;
> E, qual outro Aríon entre os Delfins,
> Os ávidos piratas embaindo –
> As ferrenhas palhetas vai brandindo,
> Com estilo que preza Líbia adusta.
> (Gama, 2016, p. 30-31, grifo do original)

Nesse texto, aqui reproduzido em apenas duas estrofes, tanto o homem quanto a mulher são exaltados por sua negritude. Ela como uma musa da Guiné, ele como um Orfeu de carapinha. Dessa forma, os parâmetros de uma poesia parnasiana são seguidos em par com a presença de termos da simbologia africana, como *leão* e *marimba*, instrumento musical de origem angolana. Nessa tradição, chegamos às novas gerações literárias que trabalham pela continuidade das afirmações positivas da negritude.

umpontodois
A oralidade como aspecto problematizador das literaturas africanas

As tradições culturais, religiosas, políticas e todas as demais formas de conhecimento provenientes da África chegaram a terras brasileiras por meio da oralidade. As formas de saberes eurocêntricos se concentraram na escrita, apesar de terem a oralidade em sua tradição, basta recorrer à filosofia grega e seus diálogos.

A tradição eurocêntrica organizou seus conhecimentos com base no registro escrito, conferindo a essa forma legitimidade. Embora a intelectualidade negra aderisse também às formas escritas, tanto no continente africano quanto na diáspora, a oralidade continuou sendo instrumento importante para a elaboração do pensamento e da expressão estética, o que a insere também no âmbito das literaturas. Afinal, a oralidade é característica essencial das culturas africanas e, mesmo em contexto de convivência com a escrita, "a oralidade é tanto efeito como causa de um certo modo de ser social" (Aguessy, 1980, p. 114).

Segundo o pensador malinês Amadou Hampaté Bâ (2010, p. 167):

> *Quando falamos de tradição em relação à história africana, referimo-nos à tradição oral, e nenhuma tentativa de penetrar a história e o espírito dos povos africanos terá validade a menos que se apoie nessa herança de conhecimentos de toda a espécie,*

pacientemente transmitidos de boca a ouvido, de mestre a discípulo, ao longo dos séculos. Essa herança ainda não se perdeu e reside na memória da última geração de grandes depositários, de quem se pode dizer são a memória viva da África.

A força da palavra, na tradição africana, diz respeito tanto a produções do mundo prático, incluindo conhecimentos científicos, quanto ao mundo imaterial, espiritual e religioso. Ainda de acordo com Hampaté Bâ (2010, p. 169):

> *Dentro da tradição oral, na verdade, o espiritual e o material não estão dissociados. Ao passar do esotérico para o exotérico, a tradição oral consegue colocar-se ao alcance dos homens, falar-lhes de acordo com o entendimento humano, revelar-se de acordo com as aptidões humanas. Ela é ao mesmo tempo religião, conhecimento, ciência natural, iniciação à arte, história, divertimento e recreação, uma vez que todo pormenor sempre nos permite remontar à Unidade primordial.*

Saber e aprender passam, na tradição africana, pela oralidade. Esse processo não se dá apenas por instruções objetivas e diretas, mas também pelo jogo, pela magia, pela criação de adivinhas, rimas e provérbios que são resguardados pela memória e se reinventam na literatura. Um termo bastante conhecido para denominar aqueles que dominam a arte de transmitir conhecimentos por meio da oralidade é *griot* (ou griô). Tal palavra foi criada no contexto colonial francês (em países como Gana e Mali, por exemplo); contudo, essa figura da cultura africana é reconhecida nos mais diversos territórios, recebendo outros nomes que guardam os mesmos significados: narrador de histórias e tradições.

A propósito do estudo das literaturas de Angola e Moçambique, a professora e pesquisadora Carmen Lúcia Secco explica:

> O magnetismo exercido pelas literaturas de Angola e Moçambique, das quais ora nos ocupamos, advém, pois, de várias formas de magia. Uma dessas resulta, em parte, da presença da oralidade reatualizada, de forma inventiva, por escrituras que se querer, simultaneamente, som, corpo e letra, dramatizando vozes de griots, guardiões da sabedoria ancestral. E, ao fazerem isso, reencenam ritmos fundadores e poderes cósmicos do verbo criador. (Secco, 2003, p. 10)

Graças a essa relação intrínseca entre a oralidade e o mundo espiritual, a arte e a diversão, conseguimos manter no Brasil tradições africanas e reconhecer alguns dos idiomas africanos que se fixaram no culto aos orixás e aos ancestrais da matriz banto ou que imprimiram suas características no português brasileiro. Pesquisas como as de Leda Martins (2021), Edimilson de Almeida Pereira (2007, 2022) e Allan da Rosa (2019) explicitam a importância da tradição oral para a cultura afro-brasileira, seja por meio da tradição religiosa, das artes populares ou da transmissão de episódios do passado que reescrevem a nossa história: "Ao tratar das populações afro-brasileiras, um modo expressivo de relatar as contingências históricas do tráfico, da readaptação dos africanos ao Brasil e da formulação de uma nova identidade no continente americano se desenhou através da oralidade" (Pereira, 2007, p. 81).

Apesar de o cânone literário não considerar essas expressões como parte da literatura brasileira, contamos com o trabalho de pesquisadores e com a força da tradição para observar a permanência da cultura oral africana. Edimilson de Almeida Pereira, no artigo "Territórios cruzados: relações entre cânone literário e literatura negra e/ou afro-brasileira", cita três gêneros da literatura oral afro-brasileira:

1. **orikis**: elaborações textuais em forma de frases, epítetos ou poemas cuja função é saudar os orixás;
2. **narrativas de preceito**: textos em prosa ligados à tradição religiosa banto-católica;
3. **cantopoemas**: textos orais, criados por devotos do congado, são acompanhados de melodias musicais e fazem parte das celebrações de tradição banto-católica.

Além desses gêneros, outras expressões da literatura oral se tornaram base para a literatura de autoria negra brasileira desde seus primórdios com Domingos Caldas Barbosa, nos fins do século XVIII: "o poeta utiliza todo um conjunto de procedimentos próprios à oralidade, como se pode constatar no poema 'Zabumba'" (Duarte, 2014, p. 49). Durante o modernismo, o resgate das tradições populares e da oralidade de matriz africana foi base para a poesia de diversos poetas negros.

São essas expressões que remetem às primeiras produções negras no Brasil e irradiam para os dias de hoje, compondo o cerne do que chamamos de *literatura negra* ou *literatura afro-brasileira*. Trata-se de uma literatura que não se inicia na palavra escrita, mas no poder da voz e na confirmação da fala. Transportando essa tradição para o contexto contemporâneo, podemos notar sua permanência na cultura afro-diaspórica especialmente na música: o samba no Brasil, o *blues* e o *jazz* nos Estados Unidos, o *rap* e outros estilos rimados, por vezes de improviso, que se expressam em todo o continente americano. Sobre essa tradição, Du Bois (2021, p. 271) elabora a seguinte reflexão:

> *Os Estados Unidos da América legaram ao mundo poucas coisas belas além da grandiosidade crua que Deus estampou em seu seio; o espírito humano neste novo mundo se expressa mais com vigor e engenhosidade do que com beleza. E por um feliz acaso o cancioneiro negro – o lamento ritmado do escravo – é hoje não só a única música norte-americana mas também a mais bela expressão da experiência humana a surgir deste lado do oceano. Essa expressão foi negligenciada, como continua sendo, além de em parte desprezada e acima de tudo frequentemente malestendida e mal-interpretada; mas ainda assim permanece sendo a única herança espiritual da nação e o maior dos dons da população negra.*

Essa exaltação às canções de lamento não está somente no capítulo dedicado por Du Bois a sua análise, mas em todos os capítulos de *As almas do povo negro*, lançado em 1903, os quais apresentam um trecho dessas canções como epígrafe. Essa é a medida da importância de tais expressões para a cultura afro-americana. A produção negra ainda no período escravista inclui transmissão literária por meio dos cantos e do relato de vida, entre outros gêneros da oralidade. Entretanto, há registros, especialmente nos Estados Unidos, das ditas "narrativas de escravos", como esmiuçaremos na próxima seção.

umpontotrês
A produção literária de autoria negra no período escravista no contexto americano

Burlando o sistema escravocrata, algumas pessoas escravizadas conseguiram aprender a ler e a escrever, e outras conseguiram, pela oralidade, transmitir ideias que são até hoje reconhecidas e referenciadas. Há diversas narrativas de escravizados e ex-escravizados no contexto estadunidense. Entre elas, podemos destacar algumas traduções disponíveis no Brasil, como:

- *"E eu não sou uma mulher?"* A narrativa de Sojourner Truth, dessa autora com Olive Gilbert;
- *Incidentes na vida de uma menina escrava*, de Harriet Ann Jacobs;
- *Doze anos de escravidão*, de Solomon Northup;
- *Narrativa da vida de Frederick Douglass: e outros textos*, do autor de mesmo nome.

No contexto latino-americano, essas produções de narrativas autobiográficas são mais escassas, quase inexistentes, porém é possível encontrar na biografia de Mahommah Gardo Baquaqua, elaborada nos Estados Unidos, trechos que relatam o período em que foi escravizado no estado de Pernambuco.

Além desse breve relato passado no Brasil, há a obra do cubano Juan Francisco Manzano: *A autobiografia do poeta-escravo*. Nessa obra, e em outras obras do gênero, o processo de aprendizagem da leitura e da escrita, a possibilidade de ter acesso a livros e a outros bens culturais, por sua raridade entre pessoas negras, mesmo as livres, ganha bastante atenção:

> *Na idade de dez anos, eu repetia de memória os mais compridos sermões do Frei Luís de Granada, e o numeroso grupo que visitava a casa em que nasci me ouvia declamar aos domingos, quanto eu chegava de aprender a Santa Missa com minha madrinha, pois embora na nossa casa também houvesse missa, não me permitiam ouvi-la ali por causa das brincadeiras e distrações dos outros moleques escravos.* (Manzano, 2015, p. 33)

De certa forma, havia, no fato de pessoas negras escravizadas mostrarem sua capacidade intelectual, um argumento humanizante, uma aproximação com as pessoas brancas, a prova de que elas não seriam apenas animais de carga e braços para os trabalhos forçados. As grandes motivações para a elaboração dessas autobiografias e dos relatos orais registrados por outras pessoas (muitas vezes porque a autora ou o autor não era alfabetizado) são as denúncias à condição do escravizado. Segundo Ricardo Salles (2015, p. 9): "Produzidos sob o incentivo do movimento abolicionista britânico e logo norte-americano, seu objetivo era chamar a atenção para a humanidade do escravo africano e sensibilizar a opinião pública para os horrores do tráfico de escravos e do próprio cativeiro".

No Brasil, algumas manifestações escritas de escravizados não tiveram objetivos literários, mas tornaram-se exemplo de resistência negra tanto por seu teor quanto pela coragem em produzi-las. É o caso da carta de Esperança Garcia, escrita em 1770 para denunciar os maus-tratos que sofria com sua família. Recentemente, Esperança foi considerada a primeira advogada do Piauí. Outra pessoa negra escravizada que ganhou tardiamente o título de advogado é Luiz Gama. Importante figura na luta abolicionista, poeta e rábula, ele viveu como escravizado durante um período de sua vida. Sua escravização foi ilegal, pois ele era filho de uma africana livre, Luísa Mahin, e um fidalgo de origem portuguesa. Esse homem, seu pai, na ausência de Luísa, vendeu o filho e usou o lucro que obteve para pagar dívidas. Luiz Gama narra sua história de vida em carta direcionada ao amigo Lucio de Mendonça:

> Este alferes Antônio Pereira Cardoso comprou-me em um lote de cento e tantos escravos; e trouxe-nos a todos, pois era este seu negócio, para vender nesta Província.
>
> Como já disse, tinha eu apenas 10 anos; e a pé, fiz toda a viagem de Santos até Campinas.
>
> Fui escolhido por muitos compradores, nesta cidade, em Jundiaí e Campinas; e, por todos repelido, como se repelem coisas ruins, pelo simples fato de eu ser "baiano". (Gama, 2020, p. 368)

A carta, inserida no volume *Lições de resistência: artigos de Luiz Gama na imprensa de São Paulo e do Rio de Janeiro*, organizado por Ligia Fonseca Ferreira (2020), data de 1880, ainda antes da abolição formal da escravatura, e narra de forma resumida o percurso de Gama. Dessa forma, não só a poesia de Luiz Gama apresenta elementos para os estudos da literatura negra no século XIX; seus escritos permitem deslindar os processos de apagamento e silenciamento das pessoas negras.

Contra essa mordaça, apareceu uma escritora de grande importância para a literatura brasileira: Maria Firmina dos Reis. Maranhense, filha de pai desconhecido, ficou órfã aos cinco anos e foi criada por uma tia materna que ofereceu condições para que obtivesse boa formação e se tornasse professora. Firmina exerceu o magistério como professora concursada na cidade de Guimarães. No ano de 1859, Firmina levou a público seu romance *Úrsula*, o primeiro publicado por uma mulher no Brasil e o primeiro romance abolicionista em língua portuguesa.

> *Úrsula é um romance de fundação. A partir dele, emerge na ordem discursiva um lugar para a existência subjetiva do negro – que o estado e texto nacional vertiam em escravo, dado que a existência do escravo era produzida, reiterada e sustentada por uma racionalidade que o concebia. No instante em que* Úrsula *foi lançado no mundo público, ficou inscrito um conteúdo que não existia na ordem discursiva nacional até então. O romance transgrediu o campo mapeado pela ficção brasileira, ultrapassando o limite das águas navegáveis pela imaginação e pelo pensamento no século XIX.* (Miranda, 2019, p. 83-84)

A pesquisadora Fernanda Miranda, em sua obra *Silêncios prescritos: estudos de romances de autoras negras brasileiras (1859-2006)*, dedica um capítulo a essa primeira romancista negra, Maria Firmina dos Reis, enfatizando o pioneirismo da escritora não somente por sua identidade racial, mas também pelas escolhas temáticas e estéticas que em muito se diferenciam de obras escritas por homens brancos e rotuladas como abolicionistas. Diante da importância da autora, é válido questionar: Por que *Úrsula* nunca foi considerado um "clássico" da literatura brasileira, estudado em todas as escolas do país? Por que somente nos últimos anos a obra de Maria Firmina dos Reis foi reeditada e voltou a circular e fazer parte do *corpus* de pesquisas acadêmicas?

Já mostramos neste capítulo que obras como A escrava Isaura e O demônio familiar eram consideradas abolicionistas mesmo conferindo às pessoas negras *status* de inferioridade, criando caricaturas e cristalizando estereótipos desvalorizadores da negritude. O que Firmina faz é o oposto: em seu romance, pessoas negras falam na primeira pessoa, questionam sua condição, expressam a memória de vida da barbárie da escravidão:

> *Meteram-me a mim e a mais treze companheiros de infortúnio e de cativeiro no estreito e infecto porão de um navio. Trinta dias de cruéis tormentos, e de falta absoluta de tudo quanto é mais necessário à vida passamos nessa sepultura até que abordamos as praias brasileiras. Para caber a mercadoria humana*

> *no porão fomos amarrados em pé e para que não houvesse receio de revolta, acorrentados como os animais ferozes de nossas matas, que se levam para recreio dos potentados da Europa. Davam-nos a água imunda, podre e dada com mesquinhez, a comida má e ainda mais porca: vimos morrer ao nosso lado muitos companheiros à falta de ar, de alimento, de água. É horrível lembrar que criaturas humanas tratem a seus semelhantes assim e que não lhes doa a consciência de lavá-los à sepultura asfixiados e famintos!* (Reis, 2004, p. 117)

No trecho citado, a personagem Susana narra sua vida ao escravizado Túlio a fim de que ele, já nascido no Brasil, conheça o terrível percurso que fez chegarem seus ancestrais a estas terras. Com esse procedimento, Firmina busca sensibilizar os leitores e as leitoras a respeito da desumanidade da escravidão e da insustentabilidade desse sistema. Firmina ousa caracterizar o branco europeu como bárbaro e denunciar não só sua violência, mas sua total falta de remorso e culpa por esses feitos vis. Posicionando-se de forma diferente de seus contemporâneos, ela inaugura uma ficção de compromisso social com o grupo racial com que se identifica. Nessa passagem, notam-se, ainda, elementos fundadores da literatura afro-brasileira, como a oralidade e a narrativa da memória. Essas produções permitem reconectar os sentidos da negritude contemporânea ao passado que a formou.

umpontoquatro
Literaturas africanas de expressão portuguesa no período colonial

A história da dominação portuguesa no continente africano, apesar de estar diretamente conectada à brasileira, apresenta muitas diferenças que influenciaram as produções literárias dos países que têm o português como idioma oficial. De antemão, devemos ter em mente que, mesmo quando já se pensava na urbanização de cidades como Rio de Janeiro, ainda se retiravam, forçadamente, africanos de seus territórios para servirem de escravos no Brasil e em toda a América.

A libertação das colônias portuguesas se deu tardiamente, na segunda metade do século XX. Dessa forma, cada um dos cinco países de língua portuguesa desenvolveu sua escrita com base nas experiências coloniais e nos processos violentos de descolonização. Na busca pelo fim do jugo colonial, inspirados por vertentes identitárias como a negritude e visões políticas como o marxismo, elaboraram projetos de mundo que reverberaram também na expressão poética. Para facilitar a compreensão das especificidades de cada um dos países, esta seção será subdividida, começando com um breve panorama acerca da literatura angolana.

1.4.1. Angola

As origens da literatura escrita angolana remontam ao século XIX, quando as produções davam ênfase ao sentimento regional, à exaltação das belezas naturais e das mulheres locais, sempre com base no modelo europeu. Por volta da década de 1930, apareceram registros mais preocupados com uma semântica angolana.

Em 1948, surgiu o movimento dos novos intelectuais de Angola com o lema "Vamos descobrir Angola". A *Antologia dos novos poetas de Angola*, de 1950, marcou a poesia moderna do país. A revista *Mensagem*, de 1951, consolidou escritores como Agostinho Neto. Pouco depois dessa virada estética, nos anos 1960, iniciou-se a luta armada pela libertação do país, ecoando em uma poesia alinhada à postura engajada e militante.

1.4.2 Moçambique

Quando os portugueses chegaram a Moçambique, no final do século XV, a região já sofria forte influência da presença árabe desde o século VII. Nos primeiros tempos, a exploração portuguesa priorizou as riquezas daquela terra; porém, a partir de 1750, se concentrou no comércio negreiro. Apenas em meados do século XIX, com a pressão inglesa para o fim do tráfico de escravos, iniciou-se forte investimento do dominador português para inculcar no povo moçambicano as ideologias dominantes que afirmavam a subalternidade dos africanos. Nesse período, a língua portuguesa foi imposta como idioma oficial, escolas foram fundadas, a imprensa iniciou suas operações e apareceram as primeiras produções literárias escritas de Moçambique.

Nos anos 1940, já com uma parcela maior de pessoas alfabetizadas, percebeu-se a urgência da valorização da cultura moçambicana. A revista *Itinerário* acolheu os textos que se inclinavam a essa nova percepção. Na década de 1950, impulsionada pelos ecos do movimento da negritude, que se desenvolvera na França, deu-se início a uma fase denominada *poesia da moçambicanidade*. Nessa esteira de recuperação do país, anos depois, com a fundação da Frente de Libertação de Moçambique (Frelimo), teve início a guerra pela libertação, em 1975.

Entre os principais nomes da literatura angolana da luta pela descolonização, estão José Craveirinha e Noêmia de Sousa, esta considerada a mãe dos poetas moçambicanos.

> Lição
> Ensinaram-lhe na missão,
> Quando era pequenino:
> "Somos todos filhos de Deus; cada Homem
> é irmão doutro Homem!"
> [...]
> (Sousa, 2016, p. 69)

O poema de Noêmia de Sousa, cujos versos iniciais estão aqui expressos, expõe a hipocrisia dos valores ocidentais cristãos, que ensinaram, por meio de uma catequização forçada, grupos étnicos do sul do globo sobre a igualdade perante Deus, mas foram coniventes com as violências do sistema colonial e corroboraram o racismo explícito no último verso do poema.

1.4.3 São Tomé e Príncipe

Assim como em Angola e Moçambique, as primeiras produções literárias em São Tomé e Príncipe estiveram diretamente relacionadas à metrópole e se iniciaram com a presença da imprensa e a criação de escolas no território. A partir dos anos 1950, surgiu a tomada de consciência atrelada aos movimentos de libertação que mobilizam diversos países africanos. Poetas como Maria Manuela Margarida e Alda Espírito Santo se destacaram nesse cenário, como explica Queiroz (2014, p. 10):

> *Nascidas ambas em 1926, Alda em São Tomé e Manuela na ilha do Príncipe, em suas obras individuais poderão ser identificadas zonas de confluência que apontam para um comprometimento ideológico dessa palavra poética na defesa dos ideais de libertação individual e coletiva. O aparecimento e a projeção destas autoras na literatura de São Tomé e Príncipe correspondem, cronologicamente, ao processo de tomada de uma consciência de classe e de identidade nacional no país e nas outras colônias portuguesas da África, o que naturalmente conduziria ao acirramento das lutas pela independência.*

A população do arquipélago de São Tomé e Príncipe tem características diferentes dos países localizados no continente, pois o país foi ocupado por colonos portugueses e africanos escravizados. Trata-se, portanto, de uma população mestiça, característica tematizada na poesia tomense, ao lado das belezas naturais das ilhas. Invasões francesas e holandesas também formaram essa população, além de um grupo de escravizados que chegou a nado na ilha de São Tomé após o naufrágio de um navio negreiro, formando um grupo étnico conhecido como *angolares*.

1.4.4 Guiné-Bissau

A literatura guineense se potencializou no período pós-colonial. A falta de escolas e a Lei do Indigenato, que proibia nativos de frequentarem a escola, são alguns dos fatores que explicam a tardia produção literária no país (Deus; Carvalho, 2021). Com isso, as manifestações literárias que versam sobre consciência política, identidade nacional, entre outros temas de grande vulto nas literaturas coloniais, floresceram após a independência, em 1973. Outra questão relevante é o fato de que parte da tradição literária guineense está relacionada à oralidade, transmitida no idioma crioulo guineense (kriol), e não em português. Na contemporaneidade, entretanto, a literatura guineense em português conta com um grande número de escritores e é recebida por pesquisadores brasileiros.

Conforme já enunciamos, a rara produção guineense no período colonial não apresentava identificações com uma dicção mais politizada, mas, sim, com reverberações da natureza e nostalgia da terra, como mostra o poema *País natal*, de António Baticã Ferreira, do qual reproduzimos alguns versos:

> *Um sentimento de amor pátrio sobe no meu coração,*
> *Em espírito demando o meu país natal,*
> *E lembro aquela floresta africana,*
> (Secco, 2003, p. 53)

O sentimento do exílio aparece no poema por meio do amor à pátria e das imagens da natureza, do campo, dos homens do local.

1.4.5 Cabo Verde

A literatura cabo-verdiana iniciou-se com um conjunto de composições muito vinculadas às matrizes culturais europeias. Essas produções dominaram o sistema literário de Cabo Verde desde o século XIX até a década de 1930, no século XX, quando surgiu a revista *Claridade*. Os poetas desse periódico sofreram influência do modernismo brasileiro, e isso se explica porque a

> *busca dos escritores cabo-verdianos pelas raízes identitárias de seu povo procurava ter como parâmetro uma realidade que fosse similar à sua, com todos os seus problemas enquanto país colonizado, com uma população caracterizada pela miscigenação e com seus anseios de libertação do peso colonial.* (Marques, 2019, p. 258)

A poética de *Claridade* é marcada pelo dilema do "partir-ficar", pela reflexão sobre a condição de isolamento dos moradores da ilha e, ao mesmo tempo, pelo sentimento de pertencimento a esse lugar. Tal perspectiva foi seguida por uma visão mais voltada às questões sociais presentes nas publicações *Certeza* e *Suplemento Cultural*, dos anos 1940 e 1950. Nesse contexto, concretiza-se o desejo de ficar na ilha para resistir ao jugo colonial.

Por volta dos anos 1960, surgiu uma literatura de fato engajada com a luta pela libertação. Amílcar Cabral, líder da independência de Guiné-Bissau e Cabo Verde, fez parte dessa geração de poetas. A seguir reproduzimos alguns de seus versos:

> *Quem é que não se lembra*
> *daquele grito que parecia trovão*
> *– é que ontem*
> *soltei meu grito de revolta.*
> (Secco, 2013, p. 72)

Amílcar Cabral adaptou valores do marxismo para a nova realidade política dos países africanos que buscavam a descolonização. No poema citado, há uma expressão do desejo de libertação universal, não somente de si ou de seu país, mas de todo e qualquer ser humano representado pelo humano universal, indicado pela palavra *homem*.

Síntese

Neste capítulo, estabelecemos algumas bases para a compreensão da literatura de autoria negra. Traçamos, incialmente, um paralelo com o cânone literário brasileiro e explicitamos que a forma como a pessoa negra é representada nas obras canônicas, muitas vezes, contribuiu para a cristalização de estereótipos. Em contrapartida, conforme as produções literárias criadas por pessoas negras foram surgindo, foram forjadas novas perspectivas da negritude, ressignificações que deslocam as vivências negras para um campo positivo, autônomo e reivindicativo.

Para esclarecer como as heranças de origem africana reverberam na literatura, recorremos à tradição oral como fonte primeira das narrativas que revelam percepções de mundo e conhecimentos ancestrais. Conhecer essa tradição, no Brasil e na América como um todo, é fundamental para entender expressões de cunho cultural, religioso e artístico, como os cantos das congadas, os cantos de lamento, as narrativas de escravizados, o *rap*, entre tantas outras.

Além disso, compusemos um breve panorama da literatura no contexto colonial nas Américas e na África de expressão lusófona. Identificamos caminhos que se cruzam e elementos característicos dos diferentes territórios, o que permitirá aprofundar nossas análises nos capítulos que se seguem.

Indicações culturais

DR. GAMA. Direção: Jeferson De. Brasil, 2021. 120 min.
Trata-se de um filme baseado na biografia de Luiz Gama, homem negro que usou leis e tribunais para libertar mais de 500 escravizados. Um abolicionista e republicano que inspirou o país, além de ter sido um grande poeta.

KEITA! O legado do griot (Keita! L'héritage du griot). Direção e roteiro: Dani Kouyaté. Burkina Faso, 1997. 96 min.
O filme retrata o conflito entre a história ensinada na escola e a memória preservada pela tradição oral quando o velho *griot* Djeliba passa a viver na residência da família Keita para realizar a iniciação do menino Mabo nas tradições familiares.

Atividades de autoavaliação

1. Marque verdadeiro (V) ou falso (F) nas afirmações a respeito dos estereótipos divulgados por meio da literatura canônica sobre as pessoas negras:

( ) O negro dócil é um estereótipo que insere esse sujeito no sistema de submissão e de aceitação de sua condição de inferioridade.

( ) A mãe preta é a representação das mulheres escravizadas que tinham voz e lutavam por seus direitos.

( ) A empregada doméstica, como personagem literária, frequentemente aparece como uma atualização da mãe preta, uma mulher que vive para servir as famílias brancas sem questionar esse sistema de dominação.

( ) O embranquecimento das personagens é uma forma de promover o desaparecimento do negro na narrativa de ficção.

Agora, assinale a opção que corresponde à sequência correta de preenchimento dos parênteses, de cima para baixo:

a. V-F-V-V
b. F-F-V-V
c. V-V-F-V
d. F-F-F-V
e. V-F-F-V

2. São expressões artísticas que configuram o legado da tradição oral africana, **exceto**:

a. os *orikis*.
b. os romances brasileiros.
c. o *rap*.
d. os cantopoemas do congado.
e. as narrativas de preceito.

3. Fazem parte da literatura afro-brasileira:
a. as produções literárias de africanos no Brasil.
b. as produções de expressão oral na América.
c. as produções literárias de pessoas negras no Brasil.
d. as produções literárias abolicionistas.
e. as produções africanas em língua portuguesa.

4. Indique se as afirmações a seguir são verdadeiras (V) ou falsas (F):
(   ) Conceição Evaristo foi a primeira romancista negra brasileira.
(   ) As narrativas de escravos são mais comuns nos Estados Unidos, porque houve financiamento dos abolicionistas britânicos e estadunidenses para a edição de tais livros.
(   ) O romance Úrsula é a narrativa biográfica de uma escrava maranhense.
(   ) A temática da luta pela libertação é frequente na literatura de todos os países africanos de língua portuguesa.
(   ) O poeta Luiz Gama atuou também como advogado da causa abolicionista, conseguindo a liberdade para muitos escravizados.

Agora, assinale a opção que corresponde à sequência obtida:
a. F-F-F-V-V
b. V-F-V-V-F
c. V-V-F-V-F
d. V-F-F-F-V
e. F-V-F-V-V

5. Assinale a afirmação correta a respeito das literaturas africanas em língua portuguesa:
a. Trata-se de uma produção vasta e reconhecida internacionalmente desde o século XIX.
b. Ganharam força e características específicas com as mobilizações políticas durante as lutas por independência.
c. Têm como tema principal exaltar os feitos militares de Portugal.
d. Dos cinco países lusófonos do continente africano, apenas Angola e Moçambique têm literatura própria.
e. São uma literatura baseada na produção de romance literário.

Atividades de autoaprendizagem

Questões para reflexão

1. Leia o trecho a seguir, extraído do romance *O cortiço*, de Aluísio de Azevedo, e elabore reflexões a respeito das representações da mulher negra (mestiça) na literatura brasileira com base na personagem Rita Baiana.

Aquela amigação com a Rita Baiana era uma coisa muito complicada e vinha de longe; vinha do tempo em que ela ainda estava chegadinha de fresco da Bahia, em companhia da mãe, uma cafuza dura, capaz de arrancar as tripas ao Manduca da Praia. A cafuza morreu e o Firmo tomou conta da mulata; mas pouco depois se separaram por ciúmes, o que aliás não impediu que se tornassem a unir mais tarde, e que de novo brigassem e de novo se procurassem. Ele tinha "paixa" pela Rita, e ela, apesar de volúvel como toda a mestiça, não podia esquecê-lo por

uma vez; metia-se com outros, é certo, de quando em quando, e o Firmo então pintava o caneco, dava por paus e por pedras, enchia-a de bofetadas, mas, afinal, ia procurá-la, ou ela a ele, e ferravam-se de novo, cada vez mais ardentes, como se aquelas turras constantes reforçassem o combustível dos seus amores.
(Azevedo, 1995, p. 63)

2. Agora pense nas imagens de mulheres negras na atualidade (considere a televisão, o cinema, a literatura e outros produtos culturais). Como as mulheres negras são hoje representadas?

Atividade aplicada: prática

1. Depois de desenvolver a reflexão proposta, selecione um poema ou trecho de texto em prosa de autoria negra em que haja representação positiva de pessoas negras, de modo a ilustrar a subversão do cânone por meio da voz negra.

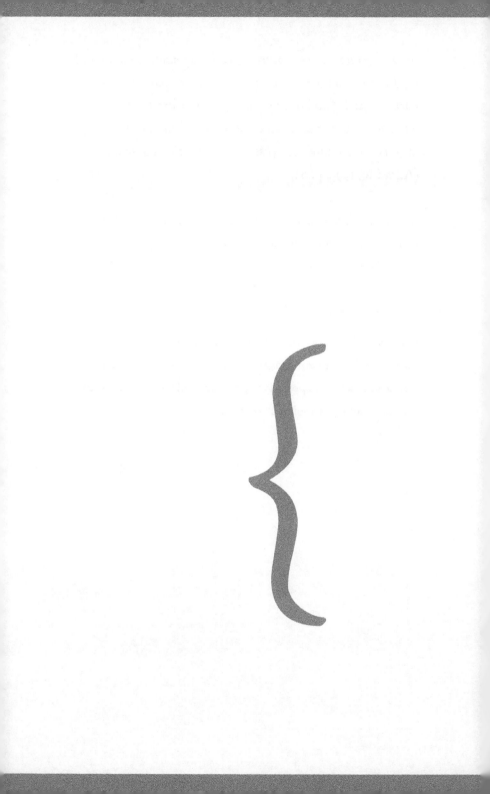

um	Literatura africana e afro-brasileira
dois	**A literatura afro-estadunidense**
três	Panorama da literatura negra nas Américas e no Caribe
quatro	Literatura de autoria negra no Brasil
cinco	A literatura e cultura afro-brasileira: literatura, cultura, negritude
seis	Mulheres na literatura negra: autoria e representações

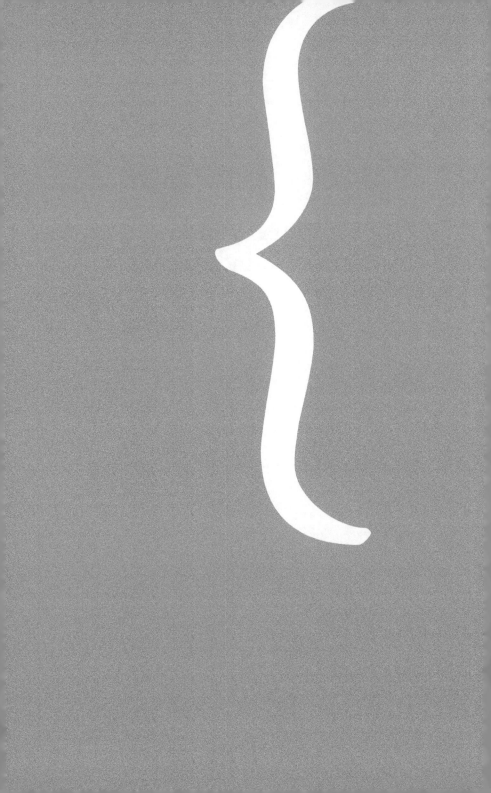

❰ TENDO DISCUTIDO, NO capítulo anterior, alguns aspectos fundantes das literaturas de autoria negra no Brasil, nos países africanos de língua portuguesa e na diáspora americana, agora iremos nos deter às produções literárias dos Estados Unidos. Neste capítulo, enfatizaremos as representações literárias afro-americanas considerando momentos fulcrais como o Renascimento do Harlem e os movimentos civis dos anos 1960. Também abordaremos as produções contemporâneas, atentando para temas e problemas que se mantêm nas obras em prosa e verso; voltaremos nossa atenção, ainda, a novos aspectos das identidades culturais que ora reverberam. W.E.B Du Bois, Zora Neale Hurston, Alice Walker, Toni Morrison, James Baldwin, Maya Angelou e Audre Lorde estão entre as escritoras e os escritores que, na multiplicidade de vozes e perspectivas, apontam os caminhos da literatura negra estadunidense.

Para iniciar o capítulo, retomaremos a produção do período escravista com a obra de Frederick Douglass (1818-1895), para refletirmos sobre os impactos do trauma da escravidão na dicção literária de poetas e prosadores, já que algumas questões que aparecem nessa narrativa biográfica ganharam eco nas produções dos séculos seguintes na abordagem do racismo e da herança traumática da escravidão.

doispontoum
Manifestações e representações literárias afro-estadunidenses

Como declaramos no Capítulo 1, as manifestações literárias negras nos Estados Unidos nasceram em meio aos movimentos pró-abolição. Enquanto obras como *A cabana do pai Tomás*, de Harriet Beecher Stowe, um romance abolicionista, produziam estereótipos sobre pessoas negras, narrativas biográficas de escravizados alavancavam a campanha pela libertação com os relatos dos horrores vivenciados e testemunhados por essas pessoas.

Uma das obras mais marcantes dessa época é *Narrativa da vida de Frederick Douglass*. Publicada em 1845, ela faz parte de uma tradição que se iniciou no século XVIII, como explica Heloisa Toller Gomes:

> Já a partir do século XVIII despontara, vindo daquele Sul imerso na escravidão, a prosa memorialista de escravos fugidos.

> *Crescentemente famosas durante o oitocentismo, as* **slave narratives** *foram de fundamental importância no decorrer da campanha abolicionista. De início transmitidas oralmente, essas narrativas gradualmente assumiram a forma escrita e atingiram o estatuto da grande literatura, por exemplos, em* Narrative of the Life of Frederick Douglass, an American Slave, Written by Himself, *em suas três versões sucessivas (1845, 1881 e 1892). Combinavam-se, harmoniosamente, no livro de Douglass, o legado africano da oralidade e o domínio seguro da escrita em língua inglesa, configurando-se ali e em seus congêneres um veio cultural que se firmou e ainda hoje permanece, forte, no seio da literatura afro-americana: a autobiografia.* (Gomes, 1999, p. 5, grifo do original)

O conhecimento da tradição oral e o domínio da língua na obra de Douglass contribuem para a apresentação e a valorização de elementos da cultura afro-americana. Ao rememorar os cantos dos escravizados nas fazendas, o autor enuncia:

> *Cantavam isso como refrão entre versos que outros tomariam por jargão ininteligível, mas que, para eles, eram repletos de significados. Às vezes, penso que a mera audição dessas canções faria mais para imprimir em algumas mentes o caráter terrível da escravidão do que a leitura de volumes inteiros de filosofia sobre o assunto.* (Douglass, 2021, p. 54)

Já se verificam, nessa narrativa, esboços de uma análise da tradição oral que posteriormente foi aprofundada por intelectuais como W. E. B. Du Bois (1868-1963) e Alice Walker (1944-). O domínio da leitura e da escrita é um tema que também se desenvolveu no século XX, expandido para a questão da educação formal negra. Douglass explica seu processo de aprendizado enfatizando o caráter de interdição da alfabetização para pessoas negras:

> *Pouco depois que eu fui viver com o sr. e a sra. Auld, ela muito gentilmente começou a me ensinar o ABC. Depois de ter aprendido o ABC, ajudou-me a soletrar palavras de três ou quatro letras. Nesse ponto do meu desenvolvimento, o sr. Auld descobriu o que se passava e, de imediato proibiu a sra. Auld de dar continuidade à minha instrução, dizendo-lhe, entre outras coisas, que ensinar um escravo a ler era contra a lei, além de ser perigoso. Para usar suas próprias palavras, ele disse: "Se você der um centímetro a um preto, ele lhe tomará um metro inteiro. O preto nada deve saber que não servir a seu senhor e fazer o que lhe mandam. A educação estragaria o melhor preto do mundo".* (Douglass, 2021, p. 73)

Há uma consciência em Douglass de que não somente as descrições de tortura física – que aparecem com frequência no livro – mas a reprodução de falas como a do sr. Auld, presentes no trecho citado, chocarão pessoas com algum senso de justiça e humanidade. Nesse sentido, as discussões levantadas como argumento antiescravidão foram reelaboradas e atualizadas nos séculos seguintes na luta por direitos, uma vez que o racismo, criado para justificar a dominação dos negros pelos brancos, continuou a promover interdições, violência e discursos de ódio.

Para citar mais uma questão que tem repercussões na literatura de autoria negra até os dias de hoje, reproduzimos o seguinte trecho:

> *Os fatos neste caso são os seguintes: sr. Covey era pobre; estava apenas começando na vida; só podia adquirir um único escravo e, por mais chocante que seja, comprou a escrava, segundo suas próprias palavras, como reprodutora. Seu nome era Caroline. [...] Era uma mulher grandalhona, de boa constituição, por volta dos vinte anos. Já tinha dado à luz uma criança, o que provou ao sr. Covey que a escrava era bem o que ele tinha buscado. Depois de comprá-la, tomou para seu serviço um homem casado chamado Samuel Harrison, que viveria com ele pelo período de um ano, e toda noite, o sr. Covey os prendia juntos. O resultado foi que, no fim daquele ano, a pobre mulher teve gêmeos.* (Douglass, 2021, p. 100)

A desumanização de pessoas negras passa pela animalização, pelo tratamento como animal de tração, carga ou outro tipo de trabalho pesado, mas também como objeto sexual e suporte para reprodução de bens. No caso narrado por Douglass, o homem que compra Caroline para fazê-la de reprodutora é um sujeito pobre, descrito em outros momentos do livro como um "amansador de escravos". Isso mostra que o *status* econômico não era tão definidor da possibilidade de um homem ser dono de escravos quanto o pertencimento racial. Covey decidiu construir seu patrimônio usando o corpo de uma mulher negra, criando um convívio forçado com um homem, também animalizado, enjaulado, para que estes produzissem acréscimo a seu patrimônio.

A escravidão como um tema presente na literatura dos séculos XX e XXI visa fazer girar as perspectivas sobre esse momento histórico. *Amada*, de Toni Morrison (2007), autora sobre a qual discorreremos adiante, é um exemplo de recriação da encenação da escravidão com outras ferramentas ficcionais, como a presença do sobrenatural. O protagonismo da mulher negra também é importante para esses romances que recriam o cenário da escravidão, já que os relatos autobiográficos de mulheres negras são mais escassos, e as produções de autoria feminina negra, menos reconhecidas.

Contemporânea de Douglass, Sojourner Truth (?-1883), em 1851, proferiu um discurso que se tornou famoso por colocar em xeque as noções de feminilidade que situam a mulher branca como mulher universal, usadas por homens brancos como argumento para que as mulheres não tivessem os mesmos direitos dos homens. Sojourner, em sua fala, mostra que, como mulher negra, nunca foi vista como frágil e incapaz e sempre foi usada para produzir riqueza para os brancos:

> *Ninguém jamais me ajudou a subir em carruagens, ou a saltar sobre poças de lama, e nunca me ofereceram melhor lugar algum. E não sou uma mulher? Olhem para mim? Olhem para meus braços! Eu arei e plantei, e juntei a colheita nos celeiros, e homem algum poderia estar à minha frente. E não sou uma mulher?* (Truth, 2019, p. 45)

Esse trecho do discurso mostra como as noções do que é ser mulher estão diretamente atreladas à raça. Ao discutir a ampliação dos direitos das mulheres, não se considerava que mulheres negras pudessem fazer parte desse grupo. A invisibilidade da mulher negra e sua hipersexualização passam a ser temas de destaque na literatura de autoria negra nos Estados Unidos e em outras partes do mundo marcadas pelo jugo colonial escravocrata.

Sojourner Truth teve suas palavras ouvidas e registradas por escrito, razão pela qual podemos conhecer seus discursos e sua biografia, mas seu caso é uma exceção. A impossibilidade de ler e escrever ou de publicar escritos é uma das pautas discutidas por autoras negras estadunidenses. No ensaio *Em busca dos jardins de nossas mães*, Alice Walker (2021, p. 211) reflete sobre os talentos silenciados e homenageia as precursoras da arte negra:

> *Como se manteve viva a criatividade da mulher negra, ano após ano e século após século, levando-se em conta que, na maior parte do tempo, desde a chegada das pessoas negras aos Estados Unidos, era considerado crime uma pessoa ler ou escrever? E a liberdade para pintar, esculpir, expandir a mente com atividades artísticas não existia. Imagine, se for capaz, o que teria acontecido caso cantar também fosse proibido por lei. Ouça as vozes de Bessie Smith, Billie Holiday, Nina Simone, Roberta Flack e Aretha Franklin, entre outras, e imagine essas vozes caladas para sempre. [...] Então talvez você possa começar a compreender as vidas de nossas mães e avós "loucas", "santas". A agonia da vida de mulheres que poderiam ter sido poetas, romancistas, ensaístas, contistas (ao longo dos séculos) e que morreram com seus dons sufocados.*

Ao buscar a arte de duas antepassadas, Walker faz essa reflexão a respeito da importância do canto para as pessoas negras, assim como Douglass fez em sua autobiografia. A literatura afro-americana é herdeira desse canto lamento, especialmente no que tange à autoria feminina; afinal, embora houvesse um esforço abolicionista para perpetuar histórias de escravizados e provar a capacidade intelectual destes, figuras masculinas eram privilegiadas. E mesmo nas produções do século XX, certas autoras foram esquecidas pela história da literatura. Alice Walker faz o trabalho de recuperar a memória e a obra dessas mulheres, grande parte delas inserida no movimento que se chamou *Renascimento do Harlem*.

doispontodois
O renascimento negro norte-americano no início do século XX

O Renascimento do Harlem é um movimento cultural e artístico da década de 1920 do século passado que reuniu músicos, poetas, pintores e intelectuais de variados campos. Alguns dos nomes mais conhecidos são: Langston Hughes (escritor), Nella Larson (escritora), Countee Cullen (escritor), Jessie R. Fauset (escritora), Aaron Douglas (pintor), Zora Neale Hurston (escritora e antropóloga), Duke Ellington (músico), Bessie Smith (cantora), Louis Armstrong (músico), W.E.B. Du Bois (sociólogo e historiador) e Alain Locke (filósofo).

Também conhecido como *New Black Movement*, surgiu com o objetivo de criar uma afirmação positiva sobre as pessoas negras dos Estados Unidos, contrapondo-se às representações racistas e fetichistas que a sociedade dominante elaborava sobre pessoas negras. Segundo Kabengele Munanga (2020, p. 44):

> *Após séculos de imitação cega, alguns escritores negros tomam consciência de que, de todos os grupos étnicos povoando os Estados Unidos – anglo-saxões, italianos, alemães, poloneses, judeus, etc. – eles são os únicos a sofrer lavagem cerebral, levando-os a acreditar que são naturalmente inferiores e não têm história. Esses escritores preocuparam-se em estabelecer a verdade e exorcizar entre seus irmãos de raça o profundo complexo de rejeição inculcado durante séculos.*

A denúncia ao racismo e à brutalidade com a qual pessoas negras eram tratadas aparecem em conformidade com a valorização de elementos da cultura negra, antes vistos como inferiores, primitivos e selvagens. O movimento ganhou ainda mais força quando, nos anos 1930, na França, surgiu o movimento da negritude, que proporcionou intercâmbio cultural e político entre pensadores negros e negras da África e da diáspora.

> Negritude foi um movimento que nasceu na França e cujo nome foi dado por Aimé Césaire. A negritude define uma nova consciência negra, que adota como meio de libertação contra a assimilação ocidental o retorno às raízes africanas, o comunismo e o surrealismo (Munanga, 2020).

Em 1925, Alain LeRoy Locke (1885-1954) lançou a antologia *The New Negro*, que reúne poesia, ficção, drama e ensaio a respeito da proposta artística que tem como objetivo valorizar o legado africano e criar uma nova estética negra. Esta é uma das obras fundamentais do Renascimento do Harlem.

2.2.1 Poesia

Como já informamos, as produções musicais no período do Renascimento do Harlem são de extrema relevância e revelam a resistência da tradição musical dos escravizados. Aqui não nos deteremos à música; assumimos que a poesia também é herdeira dessa vocalização do sentimento negro.

A poesia afro-americana do início do século XX é pouco traduzida no Brasil. Chegam aos leitores brasileiros poemas soltos, publicados em jornais, revistas e periódicos acadêmicos – nos valeremos, portanto, dessas fontes. Um exemplo de tradução publicada no Brasil é o emblemático *Eu também sou América*, de Langston Hughes, poema que faz parte da antologia de Locke e que foi traduzido por Sylvio Back e publicado no jornal *Folha de S.Paulo*, em 1998:

> Eu, também, canto a América
> Sou o irmão escurinho Quando chega alguém, Eles me mandam comer/
> na cozinha
> Mas eu rio, Como bem, E fico forte.
> Amanhã Sentarei à mesa Quando chegar alguém Então ninguém se
> atreverá A me dizer: "Coma na cozinha".
> Aí eles vão ver como sou bonito E ficarão envergonhados.
> Eu também sou a América. (Hughes, 2008)

Hughes, apesar de olhar o continente africano como seu ponto de origem, entende que é na América que se precisa tensionar os conceitos de cidadania e de irmandade. Ele mostra a virada na chave estética entre a assimilação dos valores eurocêntricos e a reivindicação política por direitos, ou seja, pelo lugar à mesa. O poema também elabora um processo de preparação para o futuro, de reelaboração de uma consciência anterior –"Como bem/E fico forte" – para desaguar na apresentação pública dessa consciência – "Aí eles vão ver como sou bonito".

Um marco importante do Renascimento do Harlem é a presença expressiva de mulheres.

> *Transcorrida nos contextos da Grande Imigração Negra e da Primeira Guerra Mundial, essa efervescência cultural foi decisiva para estimular a formação de "líderes da Raça", autodefinição que aparece nos jornais e revistas com variações: "mulheres da Raça", "homens da Raça", "intelectuais da Raça". Frequente na imprensa negra, a presença de mulheres exercendo papéis de liderança foi algo que me chamou minha atenção. Considerando a visão hegemônica do mundo público como branco e masculino, passei a examinar os discursos que as mulheres – em sua maioria, escritoras, oradoras e professoras – teciam discursos, livros partituras, peças teatrais, entendi que, nos debates sobre modernizar-se através da criação de novos hábitos e representações, a nova mulher negra foi ima figura fundamental. (Xavier, 2021, p. 62)*

Como mostra a professora e pesquisadora Giovana Xavier, não seria possível construir uma nova ideia sobre a raça negra sem que as mulheres tivessem protagonismo. Nesse contexto, muitas intelectuais passaram a influenciar jovens poetas e pensadores, publicando livros e ensinando em instituições de prestígio.

Entre os nomes femininos, merecem menção Jessie Redmon Fauset (1882-1961), poeta, romancista, professora, que largou a carreira docente para se tornar editora da revista *The Crisis*, fundada por W.E.B. Du Bois. O trabalho de Fauset influenciou grandes nomes do Renascimento do Harlem, incluindo Hughes e Locke. Alguns de seus textos foram publicados na revista fundada por Du Bois, e um ensaio seu compõe a antologia organizada por Locke. Citamos, a seguir, a tradução de seu poema *Auriflama*, feita por Ricardo Escudeiro e publicada no site *Arribação*:

> *Acho que eu a vejo se sentar negra e encurvada,*
> *Riscada por mortais cicatrizes escravagistas,*
> *Mas, tirada dos filhos, sozinha e angustiada,*
> *Olha pras estrelas ainda.*
>
> *Mãe simbólica, nós, tua miríade de filhos,*
> *Nas barras da Liberdade nossos corações teimando batidas,*
> *Agarrando nosso direito, faces em luta alinhadas,*
> *Prevemos estrelas ainda!*
>
> JOHNSON, James Weldon. **The Book of American Negro Poetry**. Okitoks Press, 2018.
> (Fauset, 2020)

O poema tem como epígrafe um trecho do relato autobiográfico de Sojourner Truth, no qual ela encontra sua mãe, já velha olhando as estrelas, pensando nos filhos que lhe foram arrancados e de quem não sabe o paradeiro. Nesse poema, o eu poético vê essa mulher como uma mãe simbólica, a mulher escravizada que deu origem a todas e todos nós, pessoas negras das Américas, ainda a pensar nos filhos arrancados. A importância da liberdade se revela no emprego da maiúscula. E, no verso final, pontuado com exclamação, ela aponta para a esperança com a luta por direitos.

Para conhecer mais da obra, é possível buscar o romance *Plum Bun: a novel without a moral*, intitulado *Não tão branca* na versão brasileira, publicada, em 2021, pela editora independente Escureceu. Esse romance foi escrito após a leitura da obra de um autor branco americano que, na visão de Jessie Fauset, retratava os negros de forma equivocada. O romance toca em diversos temas, entre eles miscigenação e "passabilidade", ou seja, a possibilidade de uma pessoa negra de pele clara se passar por branca. Sobre esse tema, na mesma época, foi publicado outro romance, sobre o qual discorreremos na seção que segue.

2.2.2 Prosa

O Renascimento do Harlem pôs em pauta questões da comunidade negra em relação à sociedade em geral e questões relativas à própria comunidade. Um desses assuntos é o colorismo. O colorismo está relacionado a um ideal de aprimoramento da raça por meio do embranquecimento e pela consequente maior aceitação de negros de pele clara por parte da sociedade branca. Segundo Giovana Xavier (2021, p. 57):

> *O ideal mulato era simultaneamente alimentado pelo racismo branco e pelo colorismo negro. Usado por afro-americanos para construir relações internas de classe, a significação da pele clara como símbolo de beleza, inteligência e modernidade predominou na imprensa negra até os anos 1920, quando as concepções coloristas começam a ser questionadas por líderes negros, como Marcus Garvey, ativista do nacionalismo negro que se destacou por seu projeto de retorno à África.*

Nesse caminho de reflexão, foram publicados romances como o de Nella Larsen, *Passing*, traduzido recentemente para o português com o título *Identidade*. A obra narra o reencontro casual de duas amigas, Claire e Irene. Ambas são negras de pele clara, ambas podem se passar por brancas em alguns contextos; Claire, porém, faz isso de modo mais intenso. Ela se casa com um homem branco e vive como uma mulher branca até que, ao reencontrar Irene, ela tem a oportunidade de voltar a conviver com pessoas negras. O encontro com Claire causa em Irene grande perturbação psicológica, pois ela se depara com a condição de alguém que consegue atravessar para o mundo dos brancos, mas está segura entre os negros. A personagem afirma: "– É curiosa essa história de se fingir de branco – disse Irene. – Nós criticamos e, ao mesmo tempo, perdoamos. […] Evitamos isso com um tipo estranho de repulsa, mas protegemos quem faz" (Larsen, 2020, p. 52). Irene se vê dividida entre a compreensão de que ser branca, ou pelo menos parecer ser branca, pode oferecer alguns benefícios e o horror que fingir ser outra pessoa e negar a própria identidade pode causar.

> Pela dificuldade de encontrar uma tradução literal para o título original *Passing*, obra de Nella Larsen, há títulos diferentes para as três publicações em português disponíveis. Portanto, é possível encontrar o livro de Larsen com os títulos *Passando-se*, *De passagem* e *Identidade*.

Romances como esse mostram que o pensamento negro da década de 1920 compreende as contradições que formaram as mentalidades negras e que é necessário discutir tais contradições, colocar em cena os problemas criados pelos brancos, mas enfrentados pelos negros. Não são indicadas soluções utópicas. *Identidade* é uma narrativa trágica, porém ela abre espaço para a possibilidade de humanização seja pela construção de um enredo mais realista, seja por meio da ficção especulativa, como faz Du Bois no conto *O cometa*.

No ano de 1920, Du Bois publicou uma coletânea de textos, *Darkwater*, da qual *O cometa* faz parte. Sobre o contexto da criação do livro, Saidiya Hartman (2021, p. 55) explica: "A história aqui recontada é 'O cometa', de W.E.B. Du Bois, uma ficção especulativa sobre o fim do mundo escrita depois da pandemia de 1918, após o Verão Vermelho de 1919 e no contexto de expansão das atrocidades coloniais". O Verão Vermelho a que a autora se refere é o período em que supremacistas brancos cometeram uma série de linchamentos e atentados contra a população negra.

Nesse cenário, Du Bois criou um episódio com ares apocalípticos em que gases tóxicos dizimavam a população de Nova Iorque, restando apenas um homem negro, Jim, e uma mulher branca, Julia. Cria-se uma atmosfera de gênesis, como se essas duas pessoas pudessem repovoar o mundo, um mundo com uma nova configuração racial. Todavia, entre o utópico e o distópico, depois de algumas horas, surgem pessoas que estariam fora da cidade e não foram atingidas pelo mal misterioso que assolou Nova Iorque. Nas cenas finais, fica evidente a impossibilidade de um fim mágico e definitivo para a supremacia branca:

> "Ele ousou... tudo para me salvar", disse ela calma, "e eu sou muito grata"'. Contudo, ela não voltou a olhá-lo. Quando o casal se afastou, o pai tirou um maço de notas do bolso.
> "Aqui meu bom camarada", disse, enfiando o dinheiro nas mãos do homem, "pegue isso". Qual é o seu nome?"
> "Jim Davis", veio a resposta, em uma voz vazia.
> "Bom, Jim, obrigado. Sempre gostei do seu pessoal. Se você quiser um emprego algum dia, é só me chamar". E eles se foram.
> Pessoas transbordavam dos elevadores no alto do prédio falando e sussurrando.
> [...]
> "Uma moça branca e um crioulo... lá vai ela".
> "Um crioulo? Onde ele está? Vamos linchar o maldito..."
> "Cala a boca! Ele é um cara decente. Salvou ela"
> "O diabo que salvou! Ele não tinha nada que..." (Du Bois, 2021, p. 40)

A possibilidade desse novo mundo é logo desfeita, e a normalidade de desprezo e violência retornam para assombrar Jim, assim como volta também, como um espectro, sua esposa: "Ela era negra, miúda, exausta da lida, e em um dos braços carregava o cadáver de um bebê negro" (Du Bois, 2021, p. 41). Nesse conto, escrito há mais cem anos e ainda atual, Du Bois sinaliza que a ideia de conciliação entre as raças é uma utopia difícil de acreditar.

Alice Walker, no entanto, explora a importância de produzir uma ficção em que as personagens negras se relacionem e interajam entre si, que as tramas narrativas não se fixem nos brancos. A autora ainda explicita o machismo ao mencionar, em seus ensaios, o apagamento das autoras negras:

> *Nós sabemos como Philis Wheatley morreu, com os três filhos, de desnutrição, numa pensão onde fazia trabalhos braçais. Nella Larsen morreu quase em completo esquecimento depois de renegar a escrita para se tornar enfermeira, um emprego que ao menos colocaria comida na mesa e um teto sobre a cabeça. E Zora Neale Hurston, que escreveu aquela que talvez seja a história de amor negro mais autêntica e tocante já publicada, morreu na pobreza nos pântanos da Flórida, onde teve de voltar a trabalhar como empregada doméstica. Tinha escrito seis livros e era folclorista e antropóloga reconhecida, tendo trabalhado com Franz Boas quando estudou na Barnard College.* (Walker, 2021, p. 38)

No trecho citado, Walker cita escritoras pioneiras que não tiveram reconhecimento e que foram resgatadas do esquecimento por pesquisadoras como ela. Zora Neale Hurston (1891-1960) foi a escritora a que Alice Walker mais se dedicou ao que diz respeito ao resgate da obra e da memória. Na citação, Walker afirma que Hurston escreveu a história de amor negro mais autêntica e tocante já publicada. Trata-se do romance *Seus olhos viam Deus*, publicado em 1937. Nesse livro, as vivências negras estão no centro da narrativa e são contadas por meio da protagonista Janie.

A trajetória de Janie é costurada pelos três relacionamentos que teve ao longo da vida; em cada um deles, a personagem aprende sobre o desejo de ascensão social e econômica dos negros, o ideal branco de conforto e riqueza e se depara com a assimetria entre os gêneros, as violências e os silenciamentos contra a mulher. Grande parte da narrativa se passa em Eatonville, Flórida, cidade em que Hurston nasceu e que, no romance, está sendo construída por um grupo de pessoas negras. O sonho de liberdade e sucesso dos negros revela também relações amorosas e conflituosas nessa comunidade, o que é muito importante, pois, como frisa Walker (2021), nessa história de amor, as personagens passam apenas uma ínfima parte de seu tempo se preocupando com pessoas brancas. Além disso, Hurston, como uma pesquisadora da cultura negra, opta por reproduzir a variante linguística dessa comunidade.

Hurston escreveu dezenas de ensaios, contos e, por sua atuação como antropóloga e folclorista, deixou importantes contribuições sobre a cultura negra da diáspora. Entre essas obras, figura *Olualê Kossola: as palavras do último homem negro escravizado*, publicada no Brasil recentemente. Esse livro foi escrito com base na coleta de relatos de Olualê Kassola, que contou sua história para a autora ao longo de dois meses. Como já citado, apesar da importância do trabalho de Hurston para a literatura e a história afro-americana, a autora caiu em esquecimento durante algumas décadas, tendo sua memória resgatada por outras escritoras que foram influenciadas por sua obra literária.

Considera-se que o período denominado *Renascimento do Harlem* durou até o final dos anos 1930, quando o início da Segunda Guerra Mundial alterou o cenário político e cultural nos Estados Unidos e no mundo. No entanto, a explosão cultural dos anos 1920 permitiu que intelectuais negros formassem novos artistas e inspirassem as gerações seguintes a expressar seu pensamento e a retratar vivências negras por meio da literatura. A segunda metade do século XX foi marcada por conflitos políticos e demandas sociais por parte da população negra. Entretanto, antes de discutir esse período, é interessante destacar a obra de dois escritores negros que começaram a publicar na década de 1950: Ralph Ellison (1914-1994) e James Baldwin (1924-1987).

2.2.3 A geração dos anos 1950: Ralph Ellison e James Baldwin

Nas décadas posteriores ao Renascimento do Harlem, Nova Iorque continuava sendo cenário para a elaboração literária de jovens negros. Para além desse centro de efervescência cultural, em outros pontos dos Estados Unidos surgiram grandes nomes da literatura negra, como Gwendolyn Brooks (1917-2000), poeta nascida no estado do Kansas e radicada em Chicago. Brooks recebeu reconhecimento e apoio de figuras importantes do Harlem, como Langston Hughes, e em 1950 se tornou a primeira mulher afro-americana a vencer o Prêmio Pulitzer. Em 1946, Ann Petry (1908-1997) publicou o romance *A rua*, que tem como cenário o Harlem, e o livro vendeu 1,5 milhão de cópias, tornando a autora a primeira mulher negra *best-seller* nos Estados Unidos.

Nessa esteira, chegamos à década de 1950 ainda com os *blues* do Harlem e já com as primeiras lutas pelos direitos civis, que se acirraram na década de 1960. Ralph Ellison e James Baldwin são dois autores fundamentais para entender o percurso da literatura negra estadunidense a partir dos anos 1950. Com estilos e perspectivas diferentes, ambos usam as experiências negras coletivas e individuais como matéria para elaborar sua ficção.

Ellison nasceu em Oklahoma City em 1914 e se mudou para Nova Iorque, onde foi admitido em um programa para jovens escritores financiado pelo governo, em 1936. No ano de 1952, publicou a obra *Homem invisível*, que ganhou o Prêmio National Book Award no ano seguinte. Sem muita repercussão no Brasil, o romance é tido por muitos, nos Estados Unidos, como um clássico da literatura. Embora tenha outros romances e diversos ensaios publicados, nenhuma dessas obras chegou a ganhar o destaque de *Homem invisível*. Trata-se, portanto, de uma obra fundamental para se aprofundar nos estudos sobre literatura negra estadunidense.

O crítico literário Luiz Maurício Azevedo reforça a importância da obra para a tradição literária negra nos Estados Unidos destacando algumas de suas características:

> *A experiência de ser negro nos Estados Unidos é como uma trajetória trágica cheia de malentendidos, frustrações, injustiças e imoralidades.*
>
> [...]
>
> *Homem invisível é um ataque frontal a dois tipos de ilusão. A primeira é a de que pessoas negras podem se comportar como pessoas brancas e obter do mundo as mesmas reações que colheriam se não fossem negras. A segunda é a de que um projeto de*

coletividade – seja ele político, seja ele religioso – pode oferecer resposta para as angústias profundas do indivíduo. (Azevedo, 2021, p. 63)

O narrador-protagonista criado por Ellison abre o prólogo afirmando que é um homem invisível e explicando o motivo de sua invisibilidade: "Nem é a minha invisibilidade exatamente uma questão de acidente bioquímico para minha epiderme. A invisibilidade a que me refiro decorre de uma disposição peculiar dos olhos daqueles com que entro em contato" (Ellison, 2021, p. 31). Ele chama atenção para o fato de que a diferença e a invisibilidade se dão pela atitude dos brancos perante os negros. O narrador faz essa afirmação depois de ter passado por um longo processo de formação em que, como explicita Azevedo na citação anterior, buscou viver entre os brancos e como os brancos. A cultura negra é representada pelo *jazz*, em menções a músicas como *Why Did I Do To Be so Black and Blue*, de Louis Armstrong, por ícones da educação e da cultura, como Booker T. Washington, e por espaços de agitação racial, como o bairro do Harlem.

Nota-se a influência do Renascimento do Harlem em Ellison e em James Baldwin, nascido em 1924, no emblemático bairro, tendo sido aluno do poeta Countee Culen, vinculado ao movimento. Estimulado pelos professores, ainda na escola, Baldwin escreveu peças de teatro e estreou na literatura em 1953 com o romance *Go tell it on the mountain*. Em 1955, o autor publicou a coletânea de textos *Notas de um filho nativo*, obra na qual textos críticos e autobiográficos se intercalam e explicam os processos criativos que buscam na matéria vivida sua inspiração.

O título da coletânea (e título de um dos textos) é inspirado em um clássico da literatura afro-americana publicado em 1940: *Filho nativo*, de Richard Wright. A narrativa de Wright, centrada no personagem Bigger Thomas, tematiza a pobreza e o preconceito racial dos quais pessoas negras são vítimas, mostrando também o processo de marginalização consequente desses fatores. Baldwin usa essa denominação – *filho nativo* – para narrar um trecho de sua vida em que, simultaneamente, seu pai morre e uma revolta racial irrompe no Harlem. A relação com o pai, com a comunidade e com sua própria negritude está entrelaçada nas reflexões do autor. Ao se mudar para Nova Jersey, ele percebe o racismo de forma mais contundente e observa que a raiva é uma doença que acomete as pessoas negras.

Mais tarde, James Baldwin seguiu para algumas temporadas na Europa e acabou indo passar férias em um pequeno vilarejo na Suíça, no qual a família de seu namorado tinha um chalé. Em sua passagem por esse local, ele terminou de escrever seu primeiro romance, *Go tell the mountain*. Essa experiência na Suíça é narrada no texto "Um estranho na aldeia" (presente na coletânea *Notas de um filho nativo*). As reflexões de Baldwin são marcadas, obviamente, pelo viés do tempo. Sua primeira passagem pela cidade data de 1951, ou seja, uma época em que a circulação de imagens e pessoas ainda era muito limitada; logo, Baldwin viveu a experiência de ser o primeiro negro visto por boa parte da pequena população do vilarejo. No entanto, há reflexões que ainda hoje são válidas para analisar tensões raciais e problemáticas longe de serem resolvidas, questões que são continuamente tematizadas na literatura de autoria negra até a atualidade.

> *Em sua maioria, as pessoas brancas não são por natureza dadas à reflexão, tal como não são maliciosas por natureza, e o branco prefere manter o negro a uma certa distância humana porque assim se torna mais fácil para ele preservar sua simplicidade e evitar que lhe cobrem os crimes cometidos por seus antepassados ou por seus vizinhos. Não obstante, ele não tem como não perceber que sua posição no mundo é melhor que a dos negros, nem pode desvencilhar-se por completo da suspeita de que os negros o odeiem por esse motivo.* (Baldwin, 2020, p. 191)

A leitura do texto completo certamente fornece uma ideia muito mais profunda do que Baldwin pensa sobre a branquitude no que respeita ao convívio com pessoas negras, porém, no trecho destacado, já fica evidenciada uma problemática recorrente: a tentativa de distanciamento, por parte de pessoas brancas, das consequências sociais, econômicas, políticas e psicológicas dos processos de colonização e escravização. O autor aborda essas questões enquanto tem experiências dinâmicas pela Europa e pelos Estados Unidos, preocupado com os movimentos pelos diretos civis, mas também investigando sua própria subjetividade atravessada não somente pelo racismo. Em 1965, Baldwin lançou *O quarto de Giovanni*, romance em que aborda temas como homossexualidade e crise existencial. Esse livro elevou a notoriedade do escritor, que teve uma vasta produção até o final dos anos 1980, quando morreu de câncer no estômago. Baldwin é como uma ponte entre a tradição artística negra iniciada nos anos 1920 e a luta por direitos civis que se acirrou na década de 1960.

doispontotrês
O impacto das lutas pelos direitos civis nos anos 1960

A recusa de Rosa Parks (1913-2005) a deixar seu lugar no ônibus para que um homem branco se sentasse, no dia 1º de dezembro de 1955, em Montgomery, estado do Alabama, é um marco histórico na luta negra contra a segregação racial. Rosa Parks foi presa e liberada mediante fiança. Três dias depois, iniciou-se um boicote aos ônibus de Montgomery por parte dos usuários negros, que constituíam cerca de 40 mil pessoas. O boicote durou mais de um ano e, em 1956, a Suprema Corte Americana julgou inconstitucional a segregação racial em transportes públicos.

As leis de segregação racial, ou Leis Jim Crow, exigiam instalações separadas para brancos e negros em locais públicos como escolas, banheiros e transportes públicos. Apesar da atitude de Rosa Parks e do movimento que se formou a partir desse episódio, as leis de segregação não foram abolidas de imediato; elas duraram até 1964. Dessa forma, os anos 1960 se iniciaram com um movimento organizado que exigia a derrubada dessas leis nos Estados Unidos.

Em 1963, a Marcha sobre Washington, liderada por Martin Luther King Jr., reuniu cerca de 250 mil pessoas que reivindicavam direitos civis, como justiça e trabalho e o fim da segregação racial. No ano seguinte, Malcolm X, que já era um importante nome para o movimento negro separatista e havia conhecido muitos artistas e intelectuais do Harlem, fundou a Organização da Unidade Afro-Americana. Em 1966, foi fundado o Partido dos Panteras Negras. Ao fim da década de 1960, tanto Martin Luther King quanto Malcolm X já tinham sido assassinados, mas seu legado também já estava marcado na história negra. Aliás, é altamente recomendável ler a biografia desses ativistas, assim como de Angela Davis, Asata Shakur e outras pessoas vinculadas às organizações de lutas pelos direitos da população negra.

Toda essa agitação política reverberou nas produções literárias. Na nota biográfica inserida nas traduções brasileiras recentes dos livros de James Baldwin (2020, p. 243), Márcio Macedo afirma que:

> *Dentro da comunidade afro-americana, Baldwin ocupava uma espécie de não lugar, sendo objeto de desconfiança devido à sua ambivalência sexual. A dificuldade de conexão com o universo afro-americano pode ser verificada na complicada relação de Baldwin com Malcolm X e, posteriormente, com os Panteras Negras.*

Não parece estranho que uma figura como a descrita seja um escritor, um ficcionista. Embora preocupado com as questões que concernem aos direitos da comunidade negra, Baldwin tematiza a sexualidade, declarando-se bissexual, discute a ambivalência religiosa que põe de um lado o cristão Martin Luther King Jr. e do outro o muçulmano Malcolm X, tornando-se uma figura polêmica e, ao mesmo tempo, extremamente influente.

Em 1962, Baldwin lançou *Terra estranha*, romance em que ressaltou a articulação entre sexualidade, raça (e relações inter-raciais), experiências da classe artística e intelectual.

Nesse cenário de luta contra a segregação racial, foram se forjando novas escritas que ajudaram a pensar politicamente o povo negro, sem descartar questões que atravessam o indivíduo, como amor, sexualidade, espiritualidade, memória e futuro. Assim surgiram escritoras como Audre Lorde, Toni Morrison, Alice Walker, June Jordan, entre muitas outras.

Nos anos 1960, constituiu-se o movimento cultural Black is beautiful, que teve como objetivo evidenciar a beleza dos traços físicos naturais dos negros. O racismo internalizado provocou um desejo por embranquecimento e a busca por cremes clareadores da pele, alisamento capilar, procedimentos estéticos para alterar os traços faciais.

> Para entender melhor esse processo, sugerimos a leitura de obra já citada em seções anteriores: *História social da beleza negra*, da historiadora Giovana Xavier.

No campo literário, esse tema reverberou na poesia e na prosa. O movimento cultural que se alinhava ao movimento dos direitos civis ficou conhecido como Black Arts Movement, ocorrido entre os anos 1960 e 1970. As autoras e os autores vinculados a esse movimento pretendiam criar instituições culturais negras e divulgar mensagens de orgulho negro. Para organizar melhor esta abordagem, destinaremos uma seção para apresentar alguns aspectos da poesia e outra para discutir os romances emanados das lutas dos anos 1960.

2.3.1 Poesia

Seguindo a tradição iniciada no Renascimento do Harlem, em 1964, Langston Hughes (1901-1967) organizou e publicou uma coletânea de poemas intitulada *New Negro Poets*, contemplando 37 novas autoras e novos autores. Nesse contexto do pós-guerra, emerge outra estética, a qual contempla temas que dão continuidade à tradição engajada da literatura negra, mas que também se expande para temas mais universais ou existenciais. Uma poeta que está nessa coletânea é a nova-iorquina de origem caribenha Audre Lorde (1934-1992). O primeiro trabalho individual de poesia publicado por Lorde é *The first cities* (1968), mas sua obra vasta, além de poesia, conta com ensaios, entrevistas e discursos.

Professora, poeta, lésbica e mãe, Audre dialoga com o feminismo, com a existência negra nos Estados Unidos e na diáspora. Muitos de seus poemas versam sobre a trajetória de mulheres negras e da formação destas em um mundo branco e machista. Ela também aborda a relação entre mãe e filha negras que guardam desejos e objetivos, mas também ressentimentos e mágoas entre elas e em relação ao mundo.

No Brasil, a tradução da obra de Lorde é recente e tem sido resultado do esforço de diferentes editoras para que mais textos da autora fomentem aqui o debate sobre racismo, machismo e homofobia. Além disso, a obra de Audre Lorde está sendo traduzida por mulheres negras, especificamente poetas negras e/ou lésbicas. Essa escolha, feita pelas editoras, além de ser uma postura antirracista, permite que a poesia negra dialogue em dois idiomas que expressam experiências parecidas e ao mesmo tempo distintas do ser mulher afrodescendente na diáspora. Os textos das apresentações e orelhas dos livros também são assinados por pesquisadoras, escritoras e pensadoras negras brasileiras.

Poetas menos conhecidas configuram um quadro muito importante para a compreensão da poesia de autoria negra da segunda metade do século XX, quando há mais trocas globais de informações que confirmam a marginalização de pessoas africanas e descendentes de africanos pelo mundo.

Um nome importantíssimo para esse movimento é Nikki Giovanni (1943-), poeta, ativista, comunicadora e professora universitária. Ganhadora de muitos prêmios, inclusive a medalha Langston Hughes, o NAACP Image Awards. Nikki foi uma das precursoras do Black Arts Movement e se manteve em contato com os temas e as reivindicações da população negra ao longo dos anos. Sua obra não foi publicada em livro no Brasil, embora haja traduções independentes em *sites* e *blogs* da internet.

> O NAACP Image Awards é um prêmio concedido pela Associação Nacional para o Progresso das Pessoas de Cor, dos Estados Unidos. A premiação conta com diversas categorias, como cinema, arte, música e literatura.

Outra poeta da geração seguinte ao Black Arts Movement e que até pouco tempo não havia recebido tradução no Brasil é Cheryl Clarke (1947-). Ela foi pelo movimento que aconteceu em seus anos de estudante na Universidade de Howard, em Washington. Em seu livro *After Mecca: Women Poets and the Black Arts Movement*, ela afirma a importância da autoria feminina negra para discussões sobre o feminismo negro e lésbico. Como poeta, Clarke tem obra vasta. Em 2021, seu livro *Vivendo como uma lésbica*, com tradução feita por Floresta, foi publicado no Brasil.

2.3.2 Prosa

O desejo de contar a história do povo negro de sua própria perspectiva, inaugurado por autores como Zora Neale Hurston e Richard Wright, teve continuidade nos anos 1960 com os romances de James Baldwin, Toni Morrison, Alice Walker e Maya Angelou. Como já destacamos Baldwin, trataremos agora das obras de Morrison, Walker e Angelou. Neste espaço, discutiremos alguns aspectos importantes que ajudam a revelar os impactos das questões políticas e raciais na prosa das autoras.

    O ano de 1970 foi especial para a literatura de autoria negra, pois Toni Morrison (1931-2019) e Alice Walker lançaram seus romances de estreia: *O olho mais azul* (2019) e *A terceira vida de Grange Copeland* (2020), respectivamente. Tanto Morrison quanto Walker produziram ensaios em que comentam o processo de elaboração de seus livros. Na edição brasileira mais recente de *O olho mais azul*, esse comentário consta no posfácio do livro. Nesse texto, Morrison explica que o resgate da beleza negra – o Black is beautiful – nos anos 1960 contribuiu para que ela desejasse escrever uma obra em que essa questão não fosse apenas discutida, mas encenada por meio da experiência dramática de uma menina negra. A situação narrativa é tão devastadora que a narrativa não precisa de subterfúgios para levar quem lê a desejar saber qual foi a tragédia de Pecola. Tudo é entregue nas primeiras páginas e nas conversas em tom de segredo entre as personagens: "Cá entre nós, não houve cravos-de-defunto no outono de 1941. Na época pensamos que era porque Pecola ia ter o bebê do pai dela que os cravos não cresceram" (Morrison, 2019b, p. 9). O/a leitor/a sabe, desde o início, que o livro tratará da violência e do desprezo do qual meninas e mulheres negras são vítimas. Tudo isso com base em noções como o colorismo, que hierarquiza não só a beleza das pessoas do mais claro para o mais escuro, mas também decreta o valor que aquela pessoa terá em dada sociedade.

Assim, Pecola, menina preta de cabelos crespos, deseja um olho azul, deseja uma aparência que a aproxime das mulheres brancas. Ao mesmo tempo, outra criança, a menina Claudia, uma das narradoras do romance, mostra seu temor e desprezo pela branquitude por meio de sua relação com uma boneca. A boneca que todas desejam ter e amar, a imagem da beleza, aquela que deveria fazer o papel de filha, tem os cabelos loiros e os olhos azuis. Claudia deseja destruir essa boneca, encenando a destruição do ideal e daquilo que, ante sua negritude, a torna feia e indesejável:

> Era uma companheira de sono muito desconfortável e aparentemente agressiva. Segurá-la não era mais gratificante. A gaze ou renda engomada do vestido de algodão tornava irritante aquele abraço. Eu tinha uma única vontade: desmembrá-la. Ver do que era feita, descobrir o que havia de estimável, de desejável, de beleza que me havia escapado, e aparentemente só a mim. (Morrison, 2019b, p. 24)

O impulso da destruição vai se transformando em vergonha à medida que Claudia cresce; na sequência, passa a ser adaptação, até se tornar amor por aquela forma humana adorada pela sociedade. O romance seguinte de Morrison, *Sula*, também oferece muitas possibilidades de leitura sobre os traumas da existência negra em sua própria comunidade, ou seja, não é necessário recorrer ao embate com os brancos para que essas questões ganhem contornos mais nítidos. Ao acompanhar as relações de Sula com sua família, com os homens, com outras mulheres, o/a leitor/a percebe como a elaboração ficcional de Morrison é complexa, pois as tragédias que envolvem a narrativa de *Sula* são consequência da escravidão e da supremacia branca, mas também das ações e decisões das personagens. Assim como em *O olho mais azul*, em *Sula*, a tonalidade da pele determina como as personagens são vistas e tratadas pelas demais:

> *Nel Wright e Sula Peace tinham doze anos em 1922, eram magras como um ossinho da sorte e alvos fáceis de chacotas. Nel era da cor de lixa molhada – escura o bastante para escapar dos golpes dos negros retintos puro-sangue e do desprezo de senhoras que se preocupavam com coisas como a mistura ruim de sangues e sabiam que as origens de uma mula e de um mulato eram exatamente as mesmas. Caso tivesse a pele mais clara, precisaria ou da proteção da mãe a caminho da escola ou de um traço de crueldade para se defender.* (Morrison, 2021, p. 62)

Além desses dois romances, Toni Morrison publicou outros nove, sendo o último *Deus ajude essa criança*, de 2015, quatro anos antes de seu falecimento. Até a última linha, Toni Morrison manteve entre seus temas mais relevantes as relações de amor e conflito dentro das famílias e comunidades negras.

Nessa mesma linha segue a obra de Alice Walker. Como já mencionamos, Walker enfatiza sua filiação à tradição da literatura afro-estadunidense tendo como sua maior referência Zora Neale Hurston. No ensaio intitulado *De uma entrevista*, a autora explica um pouco de seu processo criativo e menciona suas prioridades para a elaboração de seu primeiro romance:

> *Estou preocupada com a sobrevivência espiritual e a sobrevivência completa do meu povo. Mas, além disso, estou determinada a investigar as opressões, as insanidades, as lealdades, e as vitórias das mulheres negras. Em* A terceira vida de Grange Copeland, *aparentemente sobre um homem e seu filho, são as mulheres e o modo como são tratadas que dão cor a tudo.* (Walker, 2021, p. 226)

Alice Walker escreveu quinze romances, publicou oito livros de poesia e diversas obras de não ficção, entre elas *Em busca dos jardins de nossas mães: prosa mulherista*, traduzido pela poeta Stephanie Borges. Trata-se de uma coletânea de textos cujo percurso o/a leitor/a conhece pelas referências políticas e culturais negras dos Estados Unidos.

Em 1982, Walker lançou o romance *A cor púrpura*, sua obra de maior prestígio e alcance, pelo qual ganhou o National Book Award e o Prêmio Pulitzer de Ficção. O romance, que se passa no período aproximado de 1900 a 1940, aprofunda o desejo de retratar a experiência da mulher negra no sul dos Estados Unidos, usando como recurso o gênero epistolar e a variante linguística da comunidade rural da época. Por meio das cartas dirigidas a Deus e à irmã Nettie, o/a leitor/a acompanha a história de Celie. Dessa história, que na superfície é apenas de pobreza e violência, emerge um projeto bonito e lírico de construção de uma identidade feminina negra baseada no amor e no companheirismo de mulheres.

A cor púrpura (Walker, 2019) ganhou versão cinematográfica dirigida por Steven Spielberg e montagem teatral para a Broadway. O musical foi adaptado no Brasil. Alice Walker é, até hoje, uma voz fundamental para a literatura de autoria negra feminina.

Nessa geração, também figura a poeta e prosadora Maya Angelou. Poderíamos discutir sua poesia tanto quanto sua prosa, assim como poderíamos escrever um longo ensaio ou até mesmo um livro sobre sua obra e sua influência da literatura e na cultura afro-estadunidense. A opção de começar dando foco à prosa de Maya Angelou se justifica porque sua primeira publicação – e até hoje um de seus títulos mais famosos – é o romance biográfico *Eu sei por que o pássaro canta na gaiola*, publicado em 1969.

Na obra, conta-se a história da menina Maya, que vive no sul dos Estados Unidos, e é marcada pelo racismo, pelo machismo e pela violência no auge da segregação racial. Ao longo da narrativa, a protagonista vai tomando consciência de sua condição de invisibilidade:

> *Os alunos brancos teriam a chance de se tornar Galileus e Madames Curie e Edisons e Gauguins, e nossos garotos (as meninas nem estava na conta) tentariam ser Jesses Owens e Joes Louis. […] Era horrível ser Negra e não ter controle sobre a minha vida. Era brutal ser jovem e já estar treinada para ficar sentada em silêncio ouvindo as acusações feitas contra a minha cor sem chance de defesa.* (Angelou, 2018, p. 210-211)

Essa reflexão acontece durante a formatura da oitava série, quando Maya já entende quem são os agentes dos grandes feitos da humanidade e quem é desprezado, tratado como mera força de trabalho que dá continuidade ao projeto iniciado na escravidão. Havia poucas chances de se tornar algo além de uma "Negra". A inicial maiúscula mostra como essa palavra se torna um nome próprio que apresenta a garota ao mundo antes de seu próprio nome. A indignação de Maya ao longo de todo o livro é sonora, é o grito de uma menina que viveu parte de sua vida em silêncio depois de, aos 8 anos de idade, ser vítima de um estupro. No silêncio que se seguiu a esse trauma, ela se refugiou nos livros que encontrava na biblioteca para negros da cidade ou que recebia da Sra. Flowers.

Eu sei porque o pássaro canta gaiola narra a vida de Maya até os 16 anos. Além desse livro, Angelou escreveu outras obras de cunho biográfico: *Mamãe e eu e mamãe* e *Carta a minha filha*. A poesia de Maya tematiza a experiência do racismo e do machismo; homenageia a tradição da poesia afro-americana; traça pontes ancestrais com o continente africano; e contém experimentações poéticas que revelam uma dicção urbana que dialoga com a violência e com o abandono.

doispontoquatro
A escrita estadunidense no cenário pós-modernidade

As autoras abordadas na seção anterior transcendem um tempo específico da literatura e adentram o século XX carregando consigo a herança do Renascimento do Harlem, do Black Arts Movement e dos movimentos por direitos civis. Com a consagração de Toni Morrison em 1993, com o Prêmio Nobel de Literatura, a autoria negra foi se tornando ainda mais relevante no cenário literário estadunidense. Em seus discursos e ensaios, Morrison reivindica a autoria, a criação da história metafórica e imagística que, impossibilitada de se apartar da política, possa efetuar "a união entre estética e ética" (Morrison, 2020, p. 431).

Considerando todas as informações que analisamos até este ponto da obra, fica claro que as manifestações literárias afro-estadunidenses que se iniciam com relatos de escravizados são formas de afirmação da existência da pessoa negra como ser humano dotado de valores, inteligência e desejo por liberdade. Já no início do século XX, com o Renascimento do Harlem, aflorou um movimento de exaltação da produção negra.

Nas décadas seguintes, foi se formando uma consciência política que eclodiu nos movimentos pelos diretos civis dos anos 1960. Esse movimento fortificou o discurso de orgulho racial, unindo sob *slogans* do Black Power a grita por direitos e as manifestações estéticas e culturais do povo negro. Esse período foi muito profícuo para a autoria feminina, pois as mulheres participaram desse movimento com reivindicações contra o machismo e outras formas de opressão. Foi nesse cenário, também, que narrativas sobre o passado e a memória pós-abolição voltaram ao centro para que se pudesse pensar sobre as experiências das comunidades negras não só como dado histórico, mas também dentro das complexas e contraditórias relações pessoais.

Isso não significa que as produções da década de 1980 não estivessem preocupadas com questões como racismo e direitos, até porque a violência e o preconceito são problemas ainda muito distantes de solução. Os autores e as autoras da pós-modernidade estão cada vez mais comprometidos com a história negra e suas tradições, ao mesmo tempo que se mostram engajados na reivindicação da multiplicidade de estilos e gêneros e perspectivas. Além do *jazz*, o *rap* e o *slam* passaram a fazer parte da dicção de poetas e prosadores; o passado escravocrata retornou às narrativas explorando-se personagens e fatos históricos. Solidão, abandono, invisibilidade, colorismo, arranjos familiares, violência policial, entre tantos temas, estão presentes em obras aclamadas pela crítica e em *best-sellers*. Com o crescimento do interesse por literatura de autoria negra no Brasil, muitas obras estadunidenses têm sido traduzidas e estão disponíveis em livro físico e digital.

Foi nos anos 1980 que surgiram as primeiras produções de Octavia Butler (1947-2006), a primeira escritora negra a ganhar notoriedade na ficção científica. Em seus livros, a questão racial não é eliminada, mas, sim, articulada a outras possibilidades de imaginar o mundo no passado e no presente. Algumas pessoas relacionam Butler ao que ficou conhecido como *afrofuturismo*, movimento estético que cria realidades no universo da fantasia e do futurismo protagonizadas por pessoas negras. Seus livros têm sido traduzidos no Brasil nos últimos anos, e os mais conhecidos são *Kindred: laços de sangue* e *A parábola do semeador*. Octavia afirma, em seus ensaios e entrevistas, que sempre foi muito questionada a respeito de seus caminhos literários:

> *De que adianta a ficção científica para o povo negro? De que adianta qualquer gênero de literatura para o povo negro? De que adianta o pensamento da ficção científica sobre o presente, o futuro e o passado? De que adianta a tendência da ficção científica em advertir ou levar em consideração formas alternativas de pensamento e ação? De que adianta a análise dos possíveis efeitos da ciência e da tecnologia, ou da organização social e da orientação política, pela ficção científica? Em seu melhor sentido, a ficção científica estimula a imaginação e a criatividade. Coloca quem lê e quem escreve fora dos caminhos já conhecidos, fora das trilhas muito estreitas de que "todo mundo" está dizendo, fazendo, pensando, seja lá quem for "todo mundo" naquele momento.* (Butler, 2020, p. 150)

A reflexão de Butler estimula pensar o estudo da literatura de autoria negra. Ao fazermos esse estudo, estamos elaborando questionamentos e buscando caminhos fora daqueles já conhecidos. O que a autora propõe para a ficção científica serve para outras discussões da literatura contemporânea e seus múltiplos caminhos.

Uma proposta que tem sido bem recebida pelo público é uma espécie de atualização pós-moderna das narrativas de escravizados. Essa vertente promove uma revisão histórica da escravidão mesclando personagens e fatos históricos reais com ficção, como *The Underground Railroad: os caminhos para a liberdade*, de Colson Whitehead (1969-). O livro conta a história de uma jovem escravizada na Georgia, Cora, que deseja fugir para os estados do Norte, onde a escravidão já havia sido proibida. Cora descobre, por intermédio de Cesar, que há uma ferrovia em que transita um trem que pode levá-los até lá. Na realidade, essa "ferrovia" eram caminhos subterrâneos percorridos a pé pelos escravizados. Uma figura histórica relacionada a esse fato é Harriet Tubman (?-1913), mulher que conseguiu fugir da escravidão e ajudou centenas de pessoas a fazer o mesmo usando esses caminhos subterrâneos. Whitehead ganhou o Prêmio Pulitzer em 2016 por esse trabalho e, quatro anos depois, foi premiado novamente por *O reformatório Nickel*, obra também baseada em uma história real ambientada nos anos 1960, durante as lutas contra as leis Jim Crow.

No campo da poesia, uma obra contemporânea importante para falar sobre a violência do Estado contra pessoas negras é *Não digam que estamos mortos*, de Danez Smith (2020). O livro de 2017, finalista do The National Book Award, expõe na voz contemporânea do artista – de gênero não binário e HIV positivo – aquilo que seu livro propõe: um corpo vivo que respira e age por meio da poesia. Sua poética está alinhada ao movimento negro atual, à repercussão do movimento Black Lives Matter, mas está longe de ser o que chamam (muitas vezes como uma acusação) de *poesia panfletária*. O lirismo e o dinamismo das palavras que percorrem a boca e as páginas não permitem essa redução conceitual.

Como já comentamos, as ondas de protestos recentes, motivadas pelas constantes notícias de assassinatos de pessoas negras, reverberaram em um maior interesse por literatura de autoria negra. Na mídia estadunidense, figuras públicas, como Barack Obama e Oprah Winfrey, recomendam obras de autoria negra como um incentivo a posturas antirracistas. *Um casamento americano* (2019), de Tayari Jones, que narra a destruição de uma família negra depois de o marido ser condenado injustamente por estupro, foi indicado no clube de leitura de Oprah e se tonou um *best-seller*.

Além dos já citados, podemos incluir em uma lista de nomes proeminentes da literatura negra estadunidense:

- Paul Beatty, autor de *O vendido* (2016), com sua prosa satírica;
- Jacqueline Woodson, autora de *Um outro Brooklyn* (2020) e *Em carne viva* (2022);
- Regina Porter, autora estreante já com tradução no Brasil do livro *Os viajantes* (2020).

Em suas diferentes *nuances*, a literatura de autoria negra estadunidense contribui para a compreensão das vivências de pessoas negras na América como um todo. É notório que a ferida colonial ainda está aberta no continente americano e também no continente africano. No próximo capítulo, esclareceremos como as produções teóricas e literárias se desenvolveram a partir da consciência dessa ferida na América do Sul, no Caribe e na África.

Síntese

Neste capítulo, revisitamos a história da literatura negra dos Estados Unidos parando em seus pontos de destaque. Começamos pelas expressões negras na época da escravidão, que tinham como principal objetivo relatar, por meio da experiência de pessoas escravizadas, os horrores da escravidão. Apoiada por abolicionistas, a publicação das obras fez circular pelos Estados Unidos o desejo de liberdade e a voz silenciada de pessoas submetidas ao regime de dominação que durou séculos e deixou marcas profundas.

Para evidenciar que nem só das marcas da escravidão é feita a cultura negra, intelectuais e artistas se reuniram em torno do que ficou conhecido como *Renascimento do Harlem*. Nesse contexto, foram produzidas obras musicais e literárias que moldaram as futuras gerações de escritoras e escritores negros estadunidenses. A valorização da estética negra se ampliou da produção artística para a questão do corpo negro, do cabelo crespo, das marcas de África nesses corpos, isso com o *slogan* "Black is beautiful". No entanto, o empoderamento negro não se deu sem a conquista de direitos, pois, enquanto se produzia poesia, prosa, *jazz*, *blues*, havia ainda a segregação racial, as leis Jim Crow e as ondas de violência contra a população negra.

Nos anos 1960, os movimentos civis por direitos se acentuaram e a literatura refletiu o desejo de ampliar a voz, de denunciar a violência e de valorizar a comunidade negra em suas potencialidades. Essa geração revelou grandes nomes que influenciaram autores e autoras para além dos Estados Unidos, como James Baldwin, Alice Walker, Toni Morrison e Audre Lorde.

A construção desse cânone negro nos Estados Unidos e o incentivo a escritores e escritoras por meio de bolsas e outras políticas permitiu formar um quadro amplo e variado de produções de autoria negra, as quais repercutem as preocupações da atualidade da população negra.

Indicações culturais

A VOZ suprema do blues. Adaptação de Ma Rainey's Black Bottom. Direção: George C. Wolfe. EUA, 2020.

O filme retrata a reunião da cantora de *blues* Ma Rainey com sua banda no estúdio para gravação de algumas canções. Ao longo do processo, surgem tensões.

EU NÃO sou seu negro. Roteiro de James Baldwin e Raoul Peck. Direção: Raoul Peck. 2017.

O produtor Raoul Peck usa o livro inacabado de James Baldwin sobre o racismo nos Estados Unidos para examinar as questões raciais contemporâneas, com relatos sobre as vidas e os assassinatos dos líderes ativistas Medgar Evers, Malcolm X e Martin Luther King Jr.

DAVIS, A. **Uma autobiografia**. São Paulo: Boitempo, 2019.

A ativista Angela Davis, à época com 28 anos, narra sua trajetória, da infância à carreira como professora universitária, interrompida por aquele que seria considerado um dos mais importantes julgamentos do século XX e que a colocaria, ao mesmo tempo, na condição de ícone dos movimentos negro e feminista e na lista das dez pessoas mais procuradas pelo FBI. A falsidade das acusações contra Davis, sua fuga, a prisão e o apoio que recebeu de pessoas de todo o mundo são comentados em detalhes por essa mulher que marcou a história mundial com sua voz e sua luta.

Atividades de autoavaliação

1. Marque verdadeiro (V) ou falso (F) nas proposições a respeito da literatura produzida no período da escravidão nos Estados Unidos:

   (   ) Não houve produção literária negra até o início do século XX.
   (   ) *A cabana do pai Tomás* é uma obra escrita por um ex-escravizado.
   (   ) Frederick Douglass é um ex-escravizado que escreveu uma das mais importantes obras abolicionistas dos Estados Unidos.
   (   ) Sojourner Truth ficou conhecida por discursar em eventos abolicionistas e pelos relatos sobre sua trajetória como mulher negra escravizada.

   Agora, assinale a opção que corresponde à sequência correta de preenchimento dos parênteses, de cima para baixo:

   a. F-V-F-V
   b. F-F-V-F
   c. F-F-V-V
   d. V-V-F-V
   e. V-F-V-F

2. Marque verdadeiro (V) ou falso (F) nas afirmativas relativas ao conteúdo sobre o Renascimento do Harlem:

   (   ) Foi um movimento cultural e artístico negro iniciado nos anos 1920.
   (   ) Tem como característica a preocupação apenas com a negritude estadunidense, sem diálogos com outras populações negras.

( ) Apenas homens participaram desse movimento cultural.
( ) Nella Larsen e Zora Neale Hurston são duas importantes romancistas do movimento.

Agora, assinale a opção que corresponde à sequência correta de preenchimento dos parênteses, de cima para baixo:

a. V-F-F-V
b. V-V-F-F
c. F-V-F-V
d. F-F-F-V
e. V-F-F-F

3. Ainda sobre o Renascimento do Harlem, assinale o conjunto de nomes que **não** está vinculado ao movimento:
a. Langston Hughes, W.E.B. Du Bois, Nella Larsen.
b. Jessie Redmon Fauset, Countee Cullen, Alain Locke.
c. Zora Neale Hurston, Bessie Smith, Louis Armstrong.
d. Alice Walker, Toni Morrison, Colson Whitehead.
e. W.E.B. Du Bois, Jessie Redmon Fauset, James Baldwi.

4. A questão dos padrões racializados de beleza é debatida como tema central em qual dessas obras?
a. *O olho mais azul*, de Toni Morrison.
b. *A cor púrpura*, de Alice Walker.
c. *Eu sei por que o pássaro canta gaiola*, Maya Angelou.
d. *Passing*, Nella Larsen.
e. *O cometa*, de W.E.B. Du Bois.

5. As obras *The Underground Railroad: os caminhos para a liberdade*, de Colson Whithead, *A cor púrpura*, de Alice Walker, e *Amada*, de Toni Morrison:

   a. fazem parte de um conjunto de romances que reescrevem o contexto da escravidão da perspectiva negra, dando foco às lutas por liberdade e às conquistas pessoais e coletivas muitas vezes apagadas da história oficial.
   b. por meio da poesia, louvam figuras históricas negras reconhecidas por seus feitos heroicos.
   c. foram patrocinadas por abolicionistas do século XIX que queriam provar, por meio da voz dos escravizados, que o sistema escravocrata era uma degradação não só para as pessoas negras, mas também para a nação estadunidense.
   d. foram premiadas por sua ruptura com a literatura negra tradicional e seu compromisso com a ideia de que negros e brancos são iguais e de que a discussão do racismo está ultrapassada.
   e. narram as histórias de seus autores; são, portanto, autobiografias de pessoas negras.

Atividades de autoaprendizagem

Questões para reflexão

1. Leia o trecho a seguir, do livro *A cor púrpura*, de Alice Walker, e reflita: de que forma a condição de mulher, como pessoa oprimida, apresenta-se na vida de Celie?

> *Querido Deus,*
>
> *Ele me bateu hoje porque disse queu pisquei prum rapaz na igreja. Eu pudia tá com uma coisa no olho, mas eu num pisquei. Eu nem olho pros homem. Essa é que é a verdade. Eu olho pras mulher, sim, porque num tenho medo delas. Talvez porque minha mãe me botou maldição o senhor acha queu fiquei com raiva dela. Mas não. Eu sentia pena da mamãe. Tentar acreditar na história dele matou ela.* (Walker, 2019, p. 15)

2. Como a relação entre Celie e outras mulheres é apresentada nesse trecho?

Atividade aplicada: prática

1. Com base no que foi estudado ao longo deste capítulo, elabore uma linha do tempo a partir das primeiras expressões das narrativas dos escravizados, relacionando cada ponto da linha a um autor ou autora representante daquela época ou fase da literatura afro-estadunidense.

{

um	Literatura africana e afro-brasileira
dois	A literatura afro-estadunidense
três	**Panorama da literatura negra nas Américas e no Caribe**
quatro	Literatura de autoria negra no Brasil
cinco	A literatura e cultura afro-brasileira: literatura, cultura, negritude
seis	Mulheres na literatura negra: autoria e representações

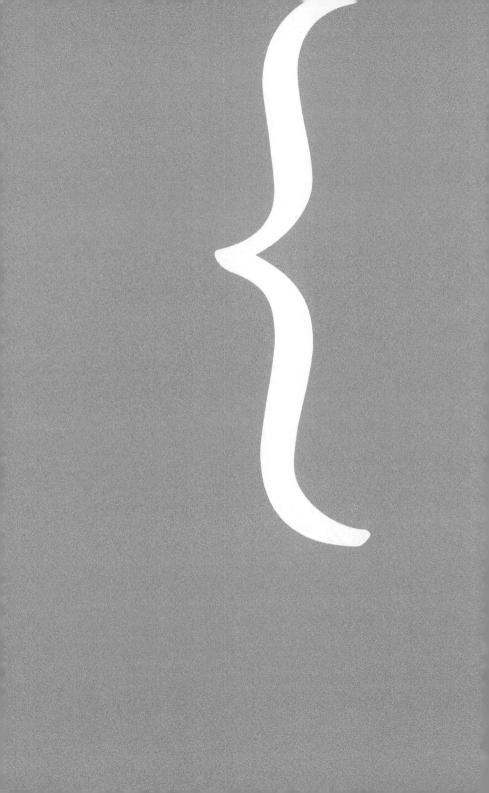

❰ DESDE A CHEGADA dos europeus às Américas, há registro da vinda forçada de africanos, por meio do comércio negreiro que movimentou a construção dos impérios ultramarinos com uso de mão de obra escravizada. Os diversos elementos culturais dos diferentes grupos étnicos africanos que se mesclaram e se reencontraram na arte e na literatura de toda a América. Neste capítulo, discutiremos um pouco do pensamento afrodescendente no contexto americano e a presença das experiências coloniais e pós-coloniais no campo literário. Detalharemos como as marcas da herança cultural africana sobrevivem na América e como essa linguagem se expressa na literatura e em outras expressões artísticas. Para abordar esse tema, aplicaremos a noção de diáspora afro-atlântica e nos valeremos de contribuições como as de Stuart Hall, Paul Gilroy e Kabengele Munanga.

Para iniciar nossa abordagem neste capítulo, expomos a seguir o que Kim Butler declara sobre os fluxos de africanos pelo mundo na era moderna:

> *O mais visível deles resultou do traumático tráfico de escravos transatlânticos. As experiências dessa comunidade inicialmente sugeriram aos estudiosos da África que o conceito de diáspora poderia ser útil para a compreensão das complexas identidades, relacionamentos e políticas de pessoas de ascendência africana no nível global. As aproximadamente onze milhões de almas que sobreviveram à brutalidade da travessia atlântica vieram a construir o que muitas vezes foi visto como arquétipo da diáspora africana, juntamente com os seus descendentes concentrados nas Américas e no Caribe. Refiro-me a essa comunidade como a diáspora afro-atlântica.* (Butler; Domingues, 2020, p. 32)

A origem e o significado do termo *diáspora* podem ser ampliados e aprofundados, mas, aqui, ele designará a população negra que vive fora da África, seja por consequência da escravidão, seja por fluxos mais recentes decorrentes de guerras de libertação colonial e outros conflitos políticos e econômicos.

Eis, então, uma discussão fundamental: a produção de pensamento negro por todo o mundo. Com o fluxo de informações entre pessoas negras nas diferentes partes da diáspora – desde a época da escravidão e as lutas pela descolonização na África e no Caribe –, mais pensadoras e pensadores negros elaboraram epistemologias sobre identidade, alteridade, política, cultura, subjetividades negras etc. Segundo Stuart Hall (2002, p. 338):

> *Dentro da cultura, a marginalidade, embora permaneça periférica em relação ao mainstream, nunca foi um espaço tão produtivo como agora, e isso não é simplesmente uma abertura, dentro dos espaços dominantes à ocupação dos de fora. É também o resultado de políticas culturais da diferença, de lutas em torno da diferença, da produção de novas identidades e do aparecimento de novos sujeitos no cenário político e cultural.*

Do ponto de vista dos estudos culturais, nunca foi tão relevante pensar a diferença como fator criativo e mobilizador de mudança, adaptação, diálogo e movimento. A literatura, certamente, tem papel importante nesse processo, com obras tanto de viés sociológico, filosófico ou político quanto de natureza literária. Afinal, ao circularem pela diáspora, essas obras documentam os pontos de convergência, as memórias do passado, as semelhanças e diferenças entre nós.

trêspontoum
A alteridade em experiências coloniais e pós-coloniais na África, nas Américas e no Caribe

A importante obra *O atlântico negro*, de Paul Gilroy (1956-), lançada em 1993, inicia-se com com o seguinte parágrafo:

> *Esforçar-se por ser ao mesmo tempo europeu e negro requer algumas formas específicas de dupla consciência. Ao dizer isto não pretendo sugerir que assumir uma ou ambas identidades inacabadas esvazie necessariamente os recursos subjetivos de um determinado indivíduo. Entretanto, onde os discursos racista, nacionalista ou etnicamente absolutista orquestram relações políticas de modo que essas identidades pareçam ser mutuamente exclusivas, ocupar o espaço entre elas ou tentar demonstrar sua continuidade tem sido encarado como um ato provocador e mesmo opositor de insubordinação política.* (Gilroy, 2012, p. 33-34)

Assim, o pensador britânico anuncia que um dos elementos de ligação entre pessoas negras da diáspora é a dupla consciência de sua negritude e dos padrões culturais e intelectuais que moldam as mentes ocidentais e ocidentalizadas. Gilroy argumenta que viver essa dupla consciência pode ser um ato de busca por liberdade e autonomia. Assim como Stuart Hall, Gilroy se opõe às ideias nacionalistas ou essencialistas sobre o ser negro na diáspora. O autor critica a área de estudos culturais nos Estados Unidos quando esta, por exemplo, advoga que as expressões artísticas afrodescendentes como os *spirituals* (canções de lamento dos escravos) são criações dos negros que construíram aquele país, desconsiderando tanto as trocas culturais quanto as expressões semelhantes que se constituíram e se transformaram em outros locais da diáspora.

Para deslindar essa discussão, Gilroy recorre ao conceito de dupla consciência, proposto por Du Bois. A dupla consciência, delineada em *As almas do povo negro*, tem relação com a dualidade de ser negro e norte-americano, com a percepção da incompatibilidade da pessoa negra com seu próprio país, no qual a maioria branca encara as pessoas negras com desprezo. Ao mesmo tempo, para Du Bois é de suma relevância a coexistência dos dois aspectos, pois, para ele, as qualidades dos Estados Unidos como nação deveriam se associar às qualidades das pessoas negras que ajudaram a construir tal nação: "Este, então, seria o fim de seu conflito: ser um colaborador no âmbito da cultura, escapar da morte e do isolamento, compartilhar o uso de suas melhores capacidades e de seu gênio latente" (Du Bois, 2021, p. 23).

Vale nota o fato de Gilroy usar amplamente o *corpus* literário para argumentar em favor do conceito de uma diáspora africana que se comunica e elabora conhecimento internamente. No entanto, assim como Stuart Hall, Gilroy escreve do Reino Unido e em diálogo com a área de estudos culturais britânica, fazendo uma análise muito centrada no norte do globo, com poucas referências à América do Sul – e o país que tem a maior população negra fora do continente africano.

Estendendo essa proposta para o que nos interessa aqui e expandindo o *corpus* de Paul Gilroy, vislumbramos as trocas do Atlântico na obra de Françoise Ega, *Cartas a uma negra*. A autora, que nasceu na Martinica e migrou para a França, dialoga, em seu livro, com Carolina Maria de Jesus, a mulher negra citada no título. Assim como Carolina, Ega se vê como alguém que vive no "quarto de despejo da sociedade". Entende que a negritude brasileira, caribenha, europeia, africana converge em seu anseio por voz, liberdade e desejo de viver. Versaremos mais detidamente sobre Carolina e Françoise ainda neste capítulo.

As experiências coloniais e pós-coloniais incluem movimentos de migração que alteraram as feições da diáspora, pois forjaram categorias de identidade e alteridade como a de Ega, uma mulher nascida em uma das colônias francesas que se tornou uma negra imigrante na França. Como ela, muitos intelectuais caribenhos e africanos desenvolveram seu pensamento na experiência de migração para a Europa. Para esmiuçar essa questão, é importante fazermos um retorno no tempo e abordar um movimento crucial para o pensamento anticolonial: o movimento da negritude.

3.1.1 O movimento da negritude e suas repercussões

Nesta seção, apresentaremos brevemente o movimento da negritude, mostrando também as limitações apontadas por intelectuais negros contemporâneos ao movimento, bem como por aqueles que o sucederam. Já informamos neste capítulo que intelectuais contemporâneos como Stuart Hall e Paul Gilroy pensam as identidades negras e diaspóricas de forma mais dinâmica e multicultural, ou seja, menos essencialista, considerando que, apesar dos pontos de conexão entre as culturas negras do continente e daquelas espalhadas pelo Atlântico, não existiria uma essência negra ou africana capaz de nos descrever e resumir.

No entanto, essa visão vem sendo elaborada pelos intelectuais negros desde o início do século XX, quando, reunidos em alguns polos culturais, passaram a reivindicar espaços de expressão artística, cultural e política, criando periódicos como a revista *L'étudiant noir* (*O estudante negro*, em tradução livre). Foi no terceiro número dessa revista que Aimé Césaire (1913-2008) divulgou o conceito de negritude. Césaire era um escritor que, nascido na Martinica, estudou em Paris nos anos 1930, quando integrou o grupo que fundou o movimento da negritude. Kabengele Munanga (2020, p. 51) explica o movimento de Césaire da seguinte forma:

> *Para Césaire, a negritude é o simples reconhecimento do fato de ser negro, a aceitação do seu destino, de sua história, de sua cultura. Mais tarde, Césaire a definiu em três palavras: identidade, fidelidade, solidariedade. A identidade consiste em assumir plenamente, com orgulho, a condição de negro, em dizer, de cabeça erguida: sou negro. A palavra foi despojada de tudo o que carregou no passado, como desprezo, transformando este último numa fonte de orgulho para o negro. A fidelidade repousa numa ligação com a terra-mãe, cuja herança deve, custe o que custar, demandar prioridade. A solidariedade é o sentimento que nos*

liga secretamente a todos os irmãos negros do mundo, que nos leva a ajudá-los e a preservar nossa identidade comum.

Há uma notória busca por um passado mítico que a África ainda, de certa forma, guardaria. O poeta senegalês Leopold Senghor (1906-2001) integrante do movimento, reforça a ideia de que o retorno às raízes é a condição para o futuro. Assim como Césaire, Senghor estudou em Paris na década de 1930 e teve importante atuação política na França, tornando-se o primeiro presidente do Senegal após a independência, ficando no cargo por reeleições sucessivas.

A vida política, para além das análises teóricas, é parte também da história de Aimé Césaire, que, de volta à Martinica, em 1939, tornou-se professor e se consolidou como poeta, mas também exerceu cargos como prefeito e deputado em Fort-de-France entre 1945 e 2001. Em 1950, ele publicou *Discurso sobre o colonialismo*, obra em que critica o colonialismo europeu, destacando atitudes e declarações racistas de pessoas ligadas a diferentes áreas de atuação pública (intelectuais, cientistas, políticos). Césaire compara essa lógica colonial ao nazismo, e provoca os intelectuais a se posicionarem sobre o assunto.

Nos anos seguintes à elaboração do conceito de negritude, outros estudantes, escritores e intelectuais caribenhos e africanos se dedicaram ao estudo do colonialismo e do racismo. Entre eles, figura Frantz Fanon (1925-1961), que foi aluno de Césaire na Martinica. Fanon foi médico e intelectual pan-africanista engajado nas lutas de descolonização. Ele se juntou às tropas da França Livre em 1943, durante a Segunda Guerra Mundial. Em sua experiência como médico psiquiatra, Fanon presenciou as atrocidades da guerra e se uniu à resistência argelina. Em 1951, publicou a conhecida obra *Pele negra, máscaras brancas*, em que elabora uma crítica histórica sobre os processos que constroem a identidade negra, caracterizando tais identidades como colonizadas, porque produzem uma autopercepção de inferioridade diante dos brancos.

> *De um dia para o outro, os pretos tiveram de se situar diante de dois sistemas de referência. Sua metafísica ou, menos pretensiosamente, seus costumes e instâncias de referência foram abolidos porque estavam em contradição com uma civilização que não conheciam e que lhes foi imposta.* (Fanon, 2008, p. 104)

Como o título do livro sugere, haveria uma dualidade no sujeito negro, uma mudança decorrente do contato com a alteridade que impõe determinado olhar e promove a alienação. Já diagnosticado com leucemia, em 1960, Frantz Fanon escreveu outra obra que influenciaria todo o pensamento anticolonial do século XX: *Os condenados da terra*. Esse escrito é resultado da observação do intelectual sobre os processos de descolonização. De certa forma, Fanon se afasta dos conceitos elaborados pela negritude ao dar centralidade às questões socioeconômicas na desalienação do negro.

Contemporâneo de Fanon, Cheikh Anta Diop (1923-1966), físico, historiador e antropólogo senegalês, convida o povo negro a tomar consciência de sua história, não com uma visão mítica, mas por meio da exaltação à ciência e à tecnologia criadas pela civilização egípcia. Com isso, diverge da visão de Senghor, que acreditava que a razão era uma característica inerente aos brancos, e a emoção, aos negros.

Hoje, muitas outras obras elaboradas por pessoas negras na África e na diáspora dialogam com o movimento da negritude seja para criticá-lo, seja para acionar a memória de um importante movimento na luta contra o racismo e o colonialismo. Na prática, o termo *negritude* deixou de ser empregado apenas para se referir ao conceito desenvolvido por Césaire, Senghor, entre outros, e passou a designar o *ser negro*. Retomamos as palavras de Munanga (2020, p. 20, grifo do original):

> *Tomada de consciência de uma comunidade de condição histórica de todos aqueles que foram vítimas da inferiorização e negação da humanidade pelo mundo ocidental, a* **negritude** *deve ser vista como afirmação e construção de uma solidariedade entre as vítimas. Consequentemente, tal afirmação não pode permanecer na condição de objeto e de aceitação passiva. Pelo contrário, deixou de ser presa do ressentimento e desembocou m revolta, transformando solidariedade em combate. A* **negritude** *torna-se uma convocação permanente de todos os herdeiros dessa condição para que se engajem no combate para reabilitar os valores de suas civilizações destruídas e culturas negadas.*

Portanto, há aí uma ampliação do sentido da palavra *negritude*, ainda hoje usada como *chamada à mobilização*. Diante das diferentes visões a respeito das trocas culturais e artísticas da diáspora, ressaltamos o potencial que a literatura tem para construir identidades e mobilizar alteridades.

Para finalizar esta seção, é inescapável citar uma pensadora e artista multidisciplinar contemporânea, portuguesa de ancestralidade africana, Grada Kilomba (1968-). Seu livro *Memórias da plantação*, escrito originalmente em inglês, expõe situações cotidianas de racismo como violências normalizadas, além de analisar os processos que criam o trauma de se tornar outro como desdobramento de várias negações impostas às pessoas negras.

> *No racismo, a negação é usada para manter e legitimar estruturas violentas de exclusão racial: "Elas/es querem tomar o que é Nosso, por isso Elas/es têm de ser controladas/os". A informação original elementar – "Estamos tomando o que é Delas/es" – é negada e projetada sobre a/o Outra/a – "elas/es estão tomando o que é Nosso"–, o sujeito negro torna-se então aquilo a que o sujeito branco não quer ser relacionado. Enquanto o sujeito negro se transforma em inimigo intrusivo, o branco torna-se a vítima compassiva [...]. (Kilomba, 2019, p. 34)*

A autora evidencia, logo no início de sua argumentação, que a branquitude, na prática da colonialidade, produz uma distorção ao situar o sujeito negro como uma ameaça, quando, na verdade, é exatamente a pessoa negra quem está sendo sequestrada, usurpada e violentada. Kilomba se associa aos estudos desenvolvidos por Fanon e amplia seu vocabulário crítico ao incluir os estudos de gênero e o feminismo negro em sua análise. No primeiro capítulo do livro, a autora discorre sobre a máscara, o artefato de tortura com o qual a escravizada Anastácia é retratada em imagem amplamente conhecida no Brasil. Kilomba trata essa imagem como representativa do elemento físico e simbólico que silencia pessoas negras, principalmente mulheres negras. No movimento de autoexpressão, as mulheres negras, segundo Conceição Evaristo (2017b) em entrevista à *Carta Capital*, desempenham o ato de romper a máscara:

> Aquela imagem de escrava Anastácia (aponta pra ela), eu tenho dito muito que a gente sabe falar pelos orifícios da máscara e às vezes a gente fala com tanta potência que a máscara é estilhaçada. E eu acho que o estilhaçamento é o símbolo nosso, porque a nossa fala força a máscara.

trêspontodois
Teorias da crítica literária negra nas Américas

Ao tratar sobre literatura de autoria negra nas Américas, temos de levar em consideração muitos aspectos, como o acesso tardio de pessoas negras à escolaridade, a dispersão irregular de pessoas africanas ao longo do continente, o processo de apropriação da identidade negra por parte de escritores e escritoras, entre outros elementos que diferenciam o cenário literário dos países.

O advento dos movimentos políticos e artísticos como o Renascimento do Harlem e a Negritude, além dos movimentos de descolonização dos países africanos e do Caribe, contribuiu para o desenvolvimento da literatura de autoria negra e para a formação e o reconhecimento de teóricos, críticos literários e intelectuais que se dedicaram à análise da cultura da perspectiva negra ou diaspórica.

Articulando o pensamento dos intelectuais citados na seção anterior com a discussão que iniciaremos aqui, citamos Édouard Glissant (1928-2011), mais um autor negro caribenho que estudou em Paris e sofreu influência do movimento da Negritude. Como romancista, ganhou o Prêmio Renaudot em 1958. Ao longo de sua trajetória, desenvolveu o conceito de "antilhanidade" – publicando, em 1981, a obra *O discurso antilhano* –, que relaciona o engajamento político à análise do caráter crioulizado da cultura antilhana. Para o autor, essa cultura foi formada com base em múltiplas identidades, contatos com outras culturas, forjada na poética da relação. Este último conceito foi divulgado na obra de mesmo nome – *Poética da relação* –, cuja tradução foi lançada no Brasil em 2021. Segundo essa teoria glissantiana, é possível interpretar a feição diversa da literatura afro-diaspórica.

Logo, a leitura sociológica como a que Gilroy faz de alguns romances de autoria negra vem auxiliar a apresentação de suas ideias sobre a diáspora negra. E escritores como Glissant constroem sua análise sobre a cultura sustentada no conceito de poética. O que isso pode informar sobre a literatura de autoria negra e seus estudos? É possível elaborar um pensamento crítico sobre essa literatura considerando apenas critérios advindos do pensamento europeu?

Entendemos que os conceitos da teoria literária tradicional e do pensamento ocidental são aproveitados por críticos e teóricos negros e negras com o objetivo tanto de utilizar aquilo que parece relevante quanto de criticar e apontar a incompatibilidade de certas categorias quando se discute literatura de autoria negra. Norma Diana Hamilton (2020, p. 18) argumenta que "A produção literária se constitui importante estratégia para compreender a questão da diáspora negra, e para problematizar as concepções de identidade racial, étnica, e assim por diante". Seguindo uma proposta semelhante à de Paul Gilroy, a autora acrescenta que a literatura de autoria negra contribui para "a representação das identidades dos povos negros na diáspora, identidades heterogêneas, fluidas, sempre em transformação" (Hamilton, 2020, p. 18).

Portanto, a literatura contribui para a ampliação do conhecimento sobre os povos diaspóricos e elabora novas epistemologias na medida em que pensadoras e pensadores negros se debruçam sobre essas produções para formular teorias que promovam diálogos, rupturas e (des)continuidades quanto às tradições teórico-críticas ocidentais. Vale assinalar como as mulheres negras têm conseguido, de forma produtiva e poética, inscrever novos conceitos na literatura produzida por pessoas negras na diáspora, levando em consideração o histórico de silenciamento e, ao mesmo tempo, de resistência que subjaz as produções literárias de tradição oral e escrita.

Cristian Souza Sales, em seu estudo sobre a literatura negra caribenha, menciona várias escritoras negras comprometidas com novas epistemologias negras: "Nas obras de Santos-Febres, outro ponto de insurgência negra epistêmica que interessa para o nosso estudo diz respeito à ancestralidade negro-africana e os legados de luta de '*las ancestras*'" (Sales, 2021, p. 12). Ela traz a nosso conhecimento, por meio de sua pesquisa, escritoras negras caribenhas ainda inéditas no Brasil, como Mayra Santos-Febres, Yolanda Arroyo Pizarro, Yvonne Denis Rosario e Marie Ramos Rosado. Essas autoras também forjam a teoria literária contemporânea ao propor "una nueva literatura insurgente de la afrodescendencia" (Pizarro citada por Sales, 2021, p. 24). Para Sales, a falta de textos categorizados como narrativas de escravos permite que as autoras contemporâneas contem as histórias das antepassadas de modo a dar uma voz emancipada a essas mulheres que tiveram suas experiências centralizadas na escravatura.

> *A partir dos assentamentos de resistência, opera-se a reconstrução de narrativas e memórias afro-atlânticas. De forma complementar, trata-se de uma prática decolonial que reposiciona corpos negros femininos insurgentes como produtores de saberes com seus mofos específicos de ser, se relacionar e interpretar o mundo. Por sua vez, os assentamentos de resistência recuperam um pensamento alternativo e a capacidade criativa dos povos colonizados.* (Sales, 2021, p. 23)

Seguindo a senda tomada por Sales e pelas escritoras porto-riquenhas, encontra-se um terreno fértil para reafirmar a importância das relações afro-atlânticas. Em geral, no Brasil, não se pensa a afrodescendência nas Américas para além dos Estados Unidos; aliás, são raras as traduções da literatura de autoria negra dos nossos vizinhos latinos. Entretanto, compartilhamos muita história e temos em comum a falta de relatos deixados por escravizados, o que se torna um vazio, mas também um espaço aberto para a investigação e a criação. Dessa forma, tanto no Brasil quanto em outros pontos da diáspora, foram e são produzidos romances de ficção cujas personagens são mulheres negras que existiram na história; as vidas delas foram narradas com base em fragmentos de memórias e na criação de possíveis cenários e interações projetados pelas escritoras contemporâneas. Essas e outras questões nos unem na literatura e na cultura de modo geral.

Reiteramos o tema da experiência vivida nas produções de autoria negra diaspórica. Denise Carrascosa (2014, p. 114-115) se apropria do conceito de bioficção para discutir a ficção de autoras negras. No artigo "Pós-colonialidade, pós-escravismo, bioficção e con(tra)temporaneidade", a autora propõe:

> Os processos de descentramento subjetivo, desmobilização identitária e fragmentação da consciência já nos foi imposto e continua sendo em diversas cenas históricas e contemporâneas de produção da chamada "modernidade" ocidental. Éramos "sujeitos pós-modernos" antes de o jargão das ciências sociais falar disso, muito antes... Essas técnicas de disseminação de si são as mesmas empregadas pelos mecanismos estéticos "bioficcionais".

A autora comenta como essa ideia de sujeito pós-moderno, de consciência cindida, sempre fez parte das experiências de pessoas negras na diáspora, como apontam tantos autores que já citamos ao versar sobre a dupla consciência.

Das linhas de pensamento que expusemos até este ponto – e que é um pequeno recorte do pensamento crítico que embasa as teorias da literatura de autoria negra –, o principal elemento em comum é a restituição da voz autoral por meio das vivências de agora e do passado, da ancestralidade e do mundo contemporâneo. Para Leda Maria Martins (2021), esse ir e vir no tempo, próprio de algumas culturas, é chamado de *tempo espiralar*, ou seja, trata-se justamente da presença ancestral na vida cotidiana dos sujeitos, o que podemos expandir para a presença coletiva na vida e na escrita individual.

Sintetizando essa discussão, o conceito que melhor nos serve para analisar a literatura de autoria feminina foi criado por Conceição Evaristo: o conceito de escrevivência. Apesar de originalmente ter sido empregado para caracterizar a escrita de mulheres negras, Conceição Evaristo (2020, p. 29-30) afirma que esse é um fenômeno diaspórico universal.

> *Pensar a Escrevivência como um fenômeno diaspórico e universal, primeiramente me incita a voltar a uma imagem que está no núcleo do termo. Na essência do termo, não como grafia ou como som, mas, como sentido gerador, como uma cadeia de sentidos na qual o termo se fundamenta e inicia a sua dinâmica. [...] Escrevivência, em sua concepção inicial, se realiza como um ato de escrita das mulheres negras, como uma ação que pretende borrar, desfazer uma imagem do passado, em que o corpo-voz de mulheres negras escravizadas tinha sua potência de emissão também sob o controle dos escravocratas, homens, mulheres e até crianças.*

Nota-se quão relevante é a escrita de mulheres negras, pois nossas identidades são subalternizadas pelo que a linguista e escritora chama de dupla condição, de mulher e negra.

> *A representação literária da mulher negra ainda surge ancorada nas imagens de seu passado escravo, de corpo-procriação e/ou corpo-objeto de prazer do macho senhor. [...] Um aspecto a observar é a ausência de representação da mulher negra como mãe, matriz de uma família negra, perfil delineado para as mulheres brancas em geral.* (Evaristo, 2005, p. 6)

As contribuições das mulheres negras para o *corpus* da literatura, na poesia e na ficção, e para a teoria literária são fruto da insurgência dessas mulheres e dos nossos avanços na vida pública, na vida acadêmica e na continuidade da vida artística e cultural que sempre esteve presente no cotidiano de nossas antepassadas. Na seção a seguir, analisaremos mais detidamente as produções literárias negras na diáspora com foco nas marcas da herança africana. Obviamente, exploraremos apenas alguns exemplos para ampliar a ideia de relação entre os diversos pontos da diáspora e oferecer um panorama de temas, diálogos e partilhas.

trêspontotrês
Marcas da herança cultural africana na linguagem e na criação literárias de afro-americanos

Cristian Souza de Sales (2021) menciona autoras negras de vários países, como Uruguai, Haiti, México, Peru e Cuba. Nem todas essas autoras têm obras disponíveis em português. Norma Diana Hamilton (2020) também apresenta algumas autoras negras caribenhas que podem ser de grande interesse para nós, brasileiras e brasileiros, como Merle Hodge e Erna Brodber. Têm sido realizados, portanto, muitos estudos brasileiros e afro-latinos sobre as marcas da herança cultural africana nas Américas. Dessa forma, pesquisadores da área têm se valido de artigos, ensaios, dissertações e teses disponíveis nos repositórios das universidades do país e em diversos periódicos, o que comprova o crescimento do interesse por essas questões nos estudos literários contemporâneos.

Que aspectos da vivência racializada une as histórias das pessoas negras nesses países? É possível conceber apenas de uma herança africana mítica, culturalmente rica, sem abordar a herança da violência colonial? Kim Butler pode ajudar a elaborar respostas para esses questionamentos:

> A diáspora ressoa nos sentimentos comuns que fizeram do Black Power, dos afros e da estética afrocêntrica uma força libertadora para a juventude na África do Sul, na Austrália, na Grã-Bretanha e na Jamaica. Infelizmente, a diáspora

> *também se reflete nas semelhanças da agressão policial desmedida que fomenta o apelo de "vidas negras importam" nos EUA, no Brasil e no Chocó colombiano e em outros lugares. Isso é visto nas políticas de migração, saúde, meio ambiente e na apropriação de recursos que sobrecarregam desproporcionalmente os corpos e as comunidades negras.* (Butler, 2020, p. 57)

Desse modo, os temas que unem pessoas negras por meio da opressão, da migração e do empobrecimento constituem uma herança da colonialidade que não podemos descartar. Afinal, não podemos negar que, além de comungarmos elementos culturais africanos, estamos ligados pelas experiências de racismo e de denúncia ao racismo e à autoafirmação da negritude. Diante desse quadro, trataremos de quatro aspectos presentes e recorrentes na literatura de autoria negra: 1) afirmação da negritude; 2) viagens e migrações; 3) resgate da memória da escravidão; 4) mito e religiosidade.

3.3.1 Afirmação da negritude

Tomemos aqui o termo *negritude* de forma mais ampla, mas mantendo a proposta inicial dos pensadores antilhanos que se mobilizaram em torno do conceito na década de 1930: "assumir plenamente, com orgulho, a condição de negro, em dizer, de cabeça erguida: sou negro" (Munanga, 2020, p. 51).

Uma obra que exemplifica esse processo é a *performance* da peruana Victoria Santa Cruz com a declamação do poema *Me Gritaron Negra* ao som de tambores, com coreografia e acompanhamento de um coro composto por pessoas negras. O poema mostra o processo de "outremização", de constituir um corpo como o outro subalterno ao olhar branco ainda na infância, um corpo que se embranquece e teme a palavra *negra*, um corpo que retrocede, se apequena até que entende a beleza da negritude, ganha segurança e, assim, o grito de "negro" deixa de ser assustado e passa a ser ritmado e dançado.

> Conheça a *performance* neste vídeo:
> ME GRITARAM negra. (3 min 20 s). Disponível em: <https://www.youtube.com/watch?v=RljSb7AyPco>. Acesso em: 21 nov. 2022.

3.3.2 Viagens e migrações

Como já discutimos, os processos da diáspora africana abarcam costumes e memórias de países relacionados pelo passado colonial, tanto aqueles que foram colônia quanto aqueles que foram metrópole. Se alguns pensadores caribenhos migraram para a França, constituindo uma diáspora dentro da diáspora, produtora de movimentos como a Negritude, outras e outros se fixaram de forma independente, mas mantiveram em sua produção literária a relação, por vezes conturbada, com seu país de origem e com as narrativas que envolvem tradição e preconceito.

É o caso de Jamaica Kincaid (1949-), nascida na ilha caribenha de Antigua, sob o nome de Elaine Potter Richardson. Aos 17 anos, a jovem transferiu-se para os Estados Unidos e, anos depois, tornou-se a escritora Jamaica Kincaid. De suas duas obras lançadas no Brasil, chama atenção na primeira, *A autobiografia da minha mãe*, a orfandade e a falta de amor da protagonista Xuela, que perdera a mãe e buscava configurar sua vida a partir desse vazio emocional. A obra é lida por Denise Carrascosa como um exemplo de narrativa bioficcional; ao apresentar pontos de apoio na experiência própria, a escritora está e não está, simultaneamente, afastada de sua ilha de nascimento. Nessa ilha se encena a dominação branca e patriarcal que fundou o mundo moderno e que criou nações mestiças como estas em que vivemos no mundo afro-latino:

> *Um homem orgulhoso do tom claro de sua pele o aprecia sobretudo por não ser a realização de um sonho, não ser fruto de nenhum esforço da sua parte: ele nasceu assim, foi abençoado e escolhido para ser desse jeito e isso lhe dá um privilégio especial na hierarquia de todas as coisas.* (Kincaid, 2020, p. 81)

O outro romance de Kincaid traduzido para o português é *Agora veja então*, obra em que as questões de gênero parecem se sobrepor às questões de raça, quando a protagonista, sra. Sweet, vive a experiência da rejeição por parte do marido. Esse recurso é apenas aparente; analisando mais a fundo, o/a leitor/a nota que a racialidade e a origem dessa mulher são elementos centrais em seu drama: "pois na cabeça dele a sra. Sweet pertencia a outro mundo, um mundo de mercadorias – incluindo pessoas – que chegavam em navios" (Kincaid, 2021, p. 47-48). Em diversos momentos, esse navio no qual sra. Sweet teria embarcado é chamado de *navio bananeiro*, em referência à exportação de monoculturas realizada por países latino-americanos, de economia fraca, em geral submetidos aos desmandos dos países ricos. Ampliando esse sentido e unindo à ideia de que sua origem remonta à viagem de navio, podemos relacionar a expressão ao navio negreiro. As referências à negritude contemporânea e aos processos de dispersão de pessoas negras pela América aparecem como pontos de relação entre as experiências que nos unem. No quinto capítulo, por exemplo, a cena em que o filho da sra. Sweet é abordado por um policial parece perturbar as expectativas da mãe, ao mesmo tempo que situa o filho em uma realidade negra compartilhada: "o jovem Héracles tinha se tornado um jovem negro, seja lá o que isso for, e mesmo agora, seja lá o que isso for não é certo" (Kincaid, 2021, p. 81).

Outro caso, mencionado rapidamente no início deste capítulo, é do diálogo entre Françoise Ega e Carolina Maria de Jesus no livro *Cartas a uma negra*, publicado em 1962. Ega nasceu na Martinica em 1920 e se mudou para a França durante a Segunda Guerra Mundial. Formada em Secretariado, Ega não encontraria emprego adequado a sua formação, tendo de trabalhar como empregada doméstica.

> *Pois é, Carolina, as misérias dos pobres do mundo inteiro se parecem como irmãs. Todos leem você por curiosidade, já eu jamais a lerei; tudo o que você escreveu eu conheço, e tanto é assim que outras pessoas, por mais indiferentes que seja, ficam impressionadas com as suas palavras. [...] Ganho um dinheiro e já posso fazer um balanço: sou faxineira há cinco dias, meus*

> *empregadores estão incomodados porque claramente não sou uma recém-chegada: falo de Champs-Élysées, Touraine ou da igreja de Notre-Dame de la Garde com muita naturalidade. Eles não podem, sem mais nem menos, me chamar de Marie ou Julie. Aliás, nem estão preocupados com isso: não me chamam de nome nenhum.* (Ega, 2021, p. 5)

Carolina Maria de Jesus é a interlocutora de Ega, a mulher para quem ela escrevia as cartas nunca entregues. Ega tomou conhecimento do livro de Carolina e se identificou com sua trajetória de mulher negra e pobre. Logo nessa passagem, aparece o primeiro diagnóstico de Ega: a pobreza se parece em todo lugar. Mais adiante, ela analisa corretamente: uma grande parcela do sucesso de vendas do livro de Carolina foi movida pela curiosidade, pelo exotismo da existência de uma escritora favelada. Por último, a constatação: para os patrões ela não passava de uma empregada, de uma negra imigrante que deveria se manter na ignorância e no anonimato. A obra de Ega, além de apontar que o trânsito no Atlântico negro se atualizou por meio da literatura, expõe a opressão aos imigrantes caribenhos, unindo-se aos escritos de Fanon, Césaire e Glissant no conjunto de intelectuais negros da francofonia.

3.3.3 Resgate da memória da escravidão

Pesquisas como a de Cristian Souza Sales dão conta das aproximações entre romances latino-americanos e caribenhos no que concerne ao resgate às ancestrais, ao retorno ao passado colonial para entender os caminhos até o presente. Essas narrativas promovem uma reparação à memória ancestral, na medida em que dão voz, corpo e uma história consistente às pessoas que foram apagadas sob a denominação genérica e violenta de *escravos/as*. Há duas vertentes aqui: (1) as narrativas de escravizados e abolicionistas, como *Úrsula*, de Maria Firmina dos Reis, raras no contexto brasileiro; e (2) os romances contemporâneos que remontam o tempo da escravidão com base em documentos históricos e na ficção. Por ora, versaremos sobre esta última vertente; a primeira vertente será discutida mais amplamente nos Capítulos 4 e 5.

Por vivermos esse tempo em que o passado recai sobre o presente e nos faz questionar nossa origem e a trajetória de vida de quem nos antecedeu, as narrativas de resgate de memória são mais demandadas. Isso acontece porque "a ancestralidade negro-africana evidencia um conjunto da produção de conhecimento da linha de intensa experimentação criativa e radicalidade da práxis negra intelectual" (Sales, 2021, p. 18). Os romances citados por Sales em seu artigo não estão disponíveis em português, porém, listamos, somente tendo como referencial o Brasil, os três livros de Eliana Alves Cruz – Água de *barrela* (2016), *O crime do cais do Valongo* (2018) e *Nada digo de ti que em ti não veja* (2020) – e um livro de Ana Maria Gonçalves – *Um defeito de cor* (2006). Do estadunidense Colson Whitehead, lembramos *The Underground Railroad* (2016), além da obra publicada em 1986 pela guadalupense Maryse Condé, *Tituba*.

Um defeito de cor, livro de mais de 900 páginas escrito por Ana Maria Gonçalves (1970-), narra a vida de Luísa Mahin, nascida na África no início do século XIX e trazida para o Brasil como escravizada. A vida de Luísa Mahin, Kehinde em seu nome de origem, é narrada como uma biografia, com as idas e vindas da protagonista por diferentes partes do Brasil, a participação em movimentos de libertação como a Revolta do Malês e o retorno para a África. A ficção de Ana Maria Gonçalves preenche de memória aquilo que antes não se conhecia e une pontas, como o fato de Luísa ser mãe de Luiz Gama (2020, p. 366), como ele mesmo declara em carta a seu amigo Lúcio de Mendonça: "Sou filho natural de uma negra, africana livre, da Costa Mina (Nagô de Nação), de nome Luiza Mahin, pagã, que sempre recusou o batismo e a doutrina cristã". Ao ler a obra, não somente se conhece a figura histórica de Luísa e o drama da perda de seu filho, vendido ilegalmente como escravo pelo próprio pai, um fidalgo de origem portuguesa, para quitar dívidas de jogo. O escrito revela também elementos importantes das culturas africanas que sobreviveram neste país. Nesse sentido, a literatura cumpre também o papel de mantenedora dessas culturas por meio de seu registro.

Entre as autoras caribenhas que empreendem esse resgate da imaginação das antepassadas, está Maryse Condé (1937-). A autora, nascida em Guadalupe, tem, entre suas obras, o romance *Eu, Tituba: bruxa negra de Salem*, em que ela reconstrói a vida dessa mulher escravizada acusada de bruxaria, que se tornou uma das primeiras mulheres julgadas nos tribunais de Salem. Ao ler as desventuras de Tituba, o/a leitor/a entra em contato com os acontecimentos trágicos das origens da população negra nas Américas: "Abena, minha mãe, foi violentada por um marinheiro inglês no convés do *Christ the King*, num dia de 16**, quando o navio zarpava para Barbados. Dessa agressão nasci. Desse ato de agressão e desprezo" (Condé, 2020, p. 25). Em especial, o romance expõe as raízes da condição das mulheres negras: "Eu descobriria rapidamente que, mesmo munida da minha alforria em boa e devida forma, uma negra não estava a salvo do assédio" (Condé, 2020, p. 194). No livro, também são mostrados os reencontros que permitiram, por meio da narrativa oral, que algumas memórias fossem preservadas:

> Um dia, encontrei um quimboiseur, um negro axanti, como minha mãe Abena, que começou a me contar todos os detalhes de sua captura na costa da África, longe de Akwapim, enquanto sua mulher, também axanti, já que os escravizados se casavam preferivelmente entre sua "nação", descascava raízes para o jantar. (Condé, 2020, p. 214)

Nessas narrativas das ancestrais, ficam evidentes não somente os rastros de nossa história, mas também a humanização de pessoas que foram vistas e tratadas como objetos ou animais. Nossos estudos também contribuem para a dignificação do povo negro que até hoje vive os efeitos violentos da dominação colonial.

3.3.4 Mito e religiosidade

A dispersão de africanos pelas Américas enviou pessoas de diversos grupos éticos para todos os territórios em que a *plantation* era o sistema econômico inserido nas colônias, mantidas por meio da mão de obra escravizada. Nesse processo, pessoas dos mesmos grupos étnicos foram para territórios diferentes e outras foram reagrupadas, formando-se novas comunidades com trocas culturais que possibilitaram sua resistência em uma situação extrema como a escravização. Por essa razão, foram criadas expressões da espiritualidade, como o candomblé, e consolidadas tradições, como as congadas, de raiz banto. Nessa esteira, constam, nas produções literárias de autoria negra, referências a esses elementos da espiritualidade e da religiosidade africanas e afro-diaspóricas.

O professor e o pesquisador Denilson Lima Santos percebe essas aproximações entre o autor colombiano Manuel Zapata e Olivella (1920-2004) e o brasileiro Abdias do Nascimento (1914-2011):

> A herança africana ocupa um lugar de relevo na religiosidade, na culinária e no esporte e, com certeza, na literatura. Exemplo desta singular maneira de entender este espaço ancestral são as obras Sortilégio II: Mistério Negro de Zumbi Redivivo (1979), de Abdias do Nascimento (Franca, 1914 – Rio de Janeiro, 2011) e Changó, el gran putas (1983), de Manuel Zapata Olivella (Lorica, 1920 – Bogotá, 2004). Tais obras e autores recriam as tradições iorubás e bantas, partindo de um projeto estético com finalidade política. Tanto um como o outro ocuparam postos políticos de primeira ordem em seus países. (Santos, 2015, p. 117)

Nesse caso, ele percebe que os autores acionam as tradições iorubás e bantas por conta de um projeto político. Na peça de teatro de Abdias do Nascimento, a memória de Zumbi e a presença de divindades do culto afro-brasileiro compõem um enredo em que se questionam os moldes da civilização branca e a opressão sofrida pelas pessoas negras. Abdias teve protagonismo no movimento negro brasileiro e nos âmbitos da política, da arte e da cultura, criou o Teatro Experimental do Negro, que ficou ativo entre 1944 e 1961, e iniciou nas artes dramáticas nomes como Ruth de Souza.

É inegável que a inserção de elementos das diversas culturas africanas na literatura é uma ação política no sentido de centralizar formas de vida e epistemologias de fora do Ocidente e de promover o combate ao racismo. No entanto, há também um caráter de afetividade e familiaridade quando os temas são espiritualidade e religião. A poética dos orixás aparece nos itans (ou itãs) – narrativas de origem iorubá, transmitidas por meio da oralidade, que narram situações relacionadas aos orixás e seus feitos –, sendo ponto de encontro de diferentes territórios da diáspora. Podemos citar como exemplo a obra da cubana Teresa Cárdenas (1970-). No livro *Cartas para a minha mãe*, a protagonista, uma menina, escreve a essa mãe morta cartas em que narra sua vida desalentada em que as parentas a desprezam por ser uma menina preta, já que sua pele é escura em comparação às primas mais claras, motivo de exclusão. Em determinado momento da obra, são narradas as preparações do ritual de iniciação religiosa da prima Lilita. Percebe-se que, em um contexto de falta de amor, racismo e rejeição, a organização do rito é um momento de encontro com a beleza:

Lilita já fez o "santo". Titia reuniu todo o dinheiro que vinha poupando e ainda teve que pedir emprestado. Vovó disse que as coisas não são mais como antes. [...]

Mas tem mesmo muitas flores em seu pátio. Escolhi as mais bonitas.

Açucenas para Obatalá, borboletas-amarelas e girassóis para Iemanjá e Oxum e damas-da-noite para Oiá. [...]

Não dá para abrir a porta da casa até o fim por causa da quantidade de coisas que botaram para Elegbá. Apitos, balas, bolinhas coloridas, charutos, aguardente numa xicarazinha, bonequinhos, moedas – um tudo! Elegbá é um menino que às vezes é mau, às vezes é muito bom, por isso é preciso lhe dar tantos presentes, para que fique sempre contente. (Cárdenas, 2010, p. 31-33)

Como mencionamos na seção anterior, o advento da colonização, com o estabelecimento de plantações, fazendas de café, algodão, cana-de-açúcar, entre outras culturas mantidas com trabalho escravizado, aconteceu por toda a América. Assim, pessoas negras povoaram praticamente todo o continente. É difícil pensar a negritude em países latino-americanos como Argentina, Uruguai ou Chile; reconhecemos com mais facilidade a presença negra na Colômbia, na Venezuela ou em ilhas caribenhas como Cuba e Porto Rico. Diversos fatores promoveram a diminuição da população ou até mesmo o desaparecimento de pessoas negras em determinados países da América ao longo dos séculos, como a miscigenação, a baixa expectativa de vida da população negra e a violência. Pesquisas como a do professor branco estadunidense George Reid Andrews (2014) oferecem dados mais aprofundados sobre o tema.

Há, contudo, um vasto conjunto de expressões culturais na América que comprova a presença negra e que revela heranças comuns entre as populações afrodescendentes de diferentes países.

> A diáspora africana é única em sua taxa de ruptura com as terras ancestrais; a maioria dos descendentes da era do comércio de escravos não consegue localizar suas terras de origem particulares. Além disso, o efeito corrosivo do colonialismo sobre as antigas culturas africanas tornou um desafio traçar suas origens ao se observar as práticas culturais realizadas na diáspora. Por causa disso, a busca por origens através de retenções culturais e reconstrução de rotas de escravizados, entre outras estratégias, há muito tempo aparece com destaque na pesquisa sobre diáspora africana. (Butler, 2020, p. 54)

Como expõe Butler, ao reconhecermos semelhanças entre nossas culturas, conseguimos identificar indícios de uma origem comum e de uma continuidade que, de alguma maneira, nos une.

Até mesmo a cultura negra de massa tem recorrido às imagens da ancestralidade africana para expandir suas referências. Não é à toa que Beyoncé canta, na música *Black Parade*: "Ancestors put me on game / Ankh charm on gold chains, with my

Oshun energy"*. Nesse processo de reconexão com o passado, fica nítido que tais referências africanas já estavam presentes em diversas formas de arte desenvolvidas no Brasil e na América hispânica.

> **Ankh**: símbolo em forma semelhante a uma cruz que, na escrita hieroglífica egípcia, simboliza *vida*.

trêspontoquatro
Expressões artísticas afro-brasileiras e afro-hispano-americanas

A frase de abertura da introdução do livro *Flash of the spirit: arte e filosofia africana e afro-americana*, de Robert Farris Thompson (1932-2021), é: "quando se ouvem *rock, jazz, blues, reggae*, salsa, samba, bossa nova, *juju, highlife* e mambo, pode-se concluir que muito da música popular do mundo foi criada pela luz do espírito de um certo povo especialmente dotado de impulso de improvisação e de talento" (Thompson, 2011, p. 16). A presença da cultura africana na música já foi comentada no Capítulo 2, quando tematizamos a produção literária afro-estadunidense e sua relação íntima com os cantos dos escravizados, os *spirituals*. No Brasil,

---

* "Ancestrais me colocaram no jogo/Pingente Ankh em correntes de ouro, com minha energia de Oxum." (tradução nossa)

é inegável que os estilos musicais de origem africana estão entre os mais populares. Em seu livro, Thompson esclarece como as artes e o pensamento africano, especialmente de origem iorubá, se espalharam pelas Américas.

Expressões culturais populares como o candombe são provas da permanência da cultura africana na América do Sul. O candombe é uma dança acompanhada de atabaques muito presente na cultura uruguaia e com menor expressão na Argentina. Os tambores do candombe, também conhecidos como *tangó*, são elementos originários do tango. Segundo a *Enciclopédia Brasileira da Diáspora Africana*, o tango é descrito como um "antigo bailado de negros ao som dos tambores e outros instrumentos (conforme Pichardo, 1985); dança popular argentina de remota origem africana" (Lopes, 2011b, p. 663). Nesse sentido, há um apagamento da presença de negros em alguns países da América do Sul, porém as pesquisas indicam que, em algum momento da história, pessoas negras escravizadas foram responsáveis pelas primeiras manifestações de artes populares que foram se transformando e, às vezes, perdendo a relação explícita com a origem africana.

O candomblé – note-se a aproximação com o termo *candombe* – é uma religião de matriz africana que se originou no Brasil e que guarda aproximações com outras religiões que se desenvolveram na diáspora, como o vodu, no Haiti, e a santeria, em Cuba. As religiões frequentemente cumprem a manutenção de conhecimentos tradicionais, bem como de idiomas e expressões artísticas. Além da tradição iorubá, ligada ao candomblé, podemos destacar as tradições bantas, que, misturadas ao catolicismo, resultaram, por exemplo, na congada (ou o congado), que é um

"Folguedo e ritual de tradição afro-brasileira disseminado por várias regiões brasileiras e ligado aos festejos coloniais da coroação dos 'reis do Congo', mas acolhendo, no seu enredo, elementos de origem europeia" (Lopes, 2011a, p. 209). Vinculados ao congado, formaram-se certos gêneros textuais que remetem às tradições africanas orais, que são as narrativas de preceito e os cantopoemas (Pereira, 2007).

No início deste capítulo, mencionamos a figura de Anastácia, a mulher escravizada retratada com uma máscara de flandres, castigada, impedida de falar e de comer. Conceição Evaristo sugere que nossa voz estilhasse a máscara. Em 2019, o artista Yhuri Cruz criou a obra *Monumento à voz de Anastácia*, acompanhada da *Oração a Anastácia Livre*. Nela, a máscara de Anastácia é retirada como forma de celebrar a voz e a liberdade da ancestralidade negra.

Figura 3.1 – *Monumento à voz de Anastácia* (2019), de Yhuri Cruz

As artes promovem uma ação de resgate e de continuidade da memória e da herança africana. Ao recriar a imagem das antepassadas, cria-se uma referência visual a essa ancestralidade, cujas características físicas sempre estiveram atreladas à falta de beleza, à inferioridade e à animalidade. A arte de rua e os artistas considerados de periferia têm feito esse trabalho de dar destaque à luta e à beleza de pessoas negras do passado e do presente.

A consciência racial e o desejo de conectar essas pontas do tempo, tornando a ancestralidade um tema contemporâneo, está presente nas obras de artistas visuais como Abdias do Nascimento (Brasil), Robinho Santana (Brasil), Tessa Mars (Haiti), Doris Salcedo (Colômbia), entre muitos outros.

Em 2015, a cineasta Yasmin Thayná lançou o filme *Kbela*, uma obra sobre os caminhos do afeto e o reencontro de mulheres negras. O filme, que participou de vários festivais em todo o mundo, tem como tema o racismo cotidiano vivido por mulheres negras. O cabelo, central no filme de Yasmin Thayná, está presente em obras de artistas em diferentes países da diáspora, por se tratar de um aspecto físico do fenótipo negro diretamente atacado pelo padrão de beleza branco. Esse tema também aparece com frequência na poesia e na prosa, como no romance *Esse cabelo* (2015), da luso-angolana Djaimilia Pereira de Almeida, e nas poesias *Só por hoje vou deixar meu cabelo em paz* (2014), da brasileira Cristiane Sobral.

> O filme Kbela pode ser assistido no YouTube:
> KBELA. Direção: Yasmin Thayná. Brasil, 2015. Disponível em: <https://www.youtube.com/watch?v=LGNIn5v-3cE>. Acesso em: 21 nov. 2022.

Síntese

Neste terceiro capítulo, compusemos um panorama da literatura e da cultura das Américas e do Caribe, focando no conceito de diáspora africana e nas heranças culturais africanas que baseiam nossas produções artísticas e ajudam a elaborar as identidades negras contemporâneas.

Com as diversas discussões sobre a diáspora, evidenciamos que é importante analisar tal conceito por meio de dois elementos:

1. os processos de dispersão forçada de pessoas africanas para trabalho escravo criaram novas comunidades e trocas que continuam ocorrendo, tanto nos fluxos migratórios que se deram após o fim do regime escravocrata até o momento atual quanto nas trocas artísticas e culturais proporcionadas pelo fluxo de informações global;
2. a construção de identidades negras é dinâmica, relacional e constante, e nesse contexto a arte, a literatura, a filosofia e outras formas de conhecimento são fundamentais para a elaboração de ideias novas, que rompam com os estereótipos sobre o povo negro.

Passamos, ainda, por movimentos importantes para a elaboração da consciência negra na diáspora, como a Negritude, liderado por estudantes africanos e afro-caribenhos radicados na França, que teve o objetivo de impulsionar a identidade negra e questionar o colonialismo. É marcante a presença de escritores e escritoras nesses movimentos, reforçando que a literatura e a arte em geral são meios excelentes para resgatar e divulgar as marcas da herança africana em nossa cultura.

Indicações culturais

MUSEU AFROBRASIL. Disponível em: <http://www.museuafrobrasil.org.br/acervo-digital>. Acesso em: 21 nov. 2022.

O Museu AfroBrasil, localizado na cidade de São Paulo, possui um acervo que contempla as mais diversas faces da cultura afro-brasileira, mostrando as influências africanas na construção do Brasil para além das imagens cristalizadas dos africanos como escravos. Com uma visita ao *site*, é possível conhecer um pouco da instituição.

Atividades de autoavaliação

1. Marque a opção que define corretamente o conceito de diáspora africana:
   a. Dispersão de pessoas africanas decorrente do comércio transatlântico de pessoas escravizadas e, continuamente, de pessoas africanas e afrodescendentes em diferentes partes do mundo.
   b. Imigração contemporânea de africanos para o Brasil.
   c. Retorno dos africanos e seus descendentes para o continente africano após a abolição da escravatura.
   d. Experiência de africanos de países colonizados nas metrópoles europeias.
   e. Encontro de pessoas negras em determinadas comunidades da América do Sul.

2. Com base no que foi apresentado neste capítulo, marque verdadeiro (V) ou falso (V) nas assertivas sobre conceitos, teorias e pensadores relacionados à questão da alteridade:

( ) A dupla consciência é uma ideia proposta inicialmente por Du Bois e diz respeito à incompatibilidade do ser negro com os ideais brancos.

( ) Stuart Hall é um dos teóricos que entende a identidade negra como algo fixo e essencializado.

( ) O livro de Du Bois que contém o conceito de dupla consciência se chama *As almas do povo negro*.

( ) Paul Gilroy se opõe à noção de identidades negras exclusivas, que não consideram os pontos de encontro, os espaços e as continuidades entre elas.

Agora, assinale a alternativa que contém a sequência correta:

a. V-F-V-V
b. V-V-F-F
c. V-F-F-V
d. V-F-V-F
e. F-V-F-V

3. A respeito do movimento Negritude, marque V para verdadeiro ou F para falso:

( ) Foi um movimento liderado por mulheres caribenhas que trabalhavam como empregadas domésticas.

( ) Foi um movimento liderado por homens originários das colônias francesas que estavam estudando na França.

( ) Propunha uma ligação com a terra-mãe, a África, por parte de todas as pessoas negras.
( ) Teve como principais nomes Aimé Césaire e Leopold Senghor.

Agora, assinale a alternativa que contém a sequência correta:
a. F-V-F-V
b. F-F-V-V
c. F-V-V-V
d. V-V-F-F
e. V-V-V-F

4. Assinale a opção que apresenta corretamente os temas que aproximam as escritas negras na América do Sul e no Caribe:
a. O futurismo é um tema comum na autoria negra das Américas por projetar uma população negra e unificada vivendo na África do futuro.
b. A busca pela ancestralidade e a reescrita do passado colonial, em diálogo com o presente, são um esforço para reconhecer a resistência das antepassadas, criando novas narrativas insurgentes e positivas a respeito do povo africano e seus descendentes.
c. As obras literárias de autoria negra se debruçam sobre a branquitude para melhor entendê-la.
d. A poesia das mulheres afro-latinas e caribenhas tem um compromisso com o tema do amor, que remete ao romantismo do século XIX.
e. Em toda a América afro-latina, os autores e as autoras criaram cenários em que os negros, vivendo em grandes cidades, poderiam se desenvolver intelectual, social e economicamente, nos moldes do Renascimento do Harlem.

5. *Um defeito de cor*, de Ana Maria Gonçalves, e *Água de barrela*, de Eliana Alves Cruz, são exemplos de romances que:
   a. narram os processos de descolonização no século XIX.
   b. descrevem as viagens de africanos pela América do Sul e pelo Caribe.
   c. têm como principal temática o movimento negro do século XX.
   d. imaginam um futuro em que pessoas negras serão a elite da sociedade.
   e. resgatam a narrativa de pessoas negras escravizadas com base em indícios históricos.

Atividades de autoaprendizagem

Questões para reflexão

Leia a oração presente na obra *Monumento à voz de Anastácia* e faça as análises sugeridas nos tópicos a seguir:

Vemos que algum algoz fez da tua vida um martírio, violentou tiranicamente a tua mocidade, vemos também no teu semblante macio, no teu rosto suave, tranquilo, a paz que os sofrimentos não conseguiram perturbar.

Isso quer dizer que sua luta te tornou superior, conquistaste tua voz, tanto que Deus levou-te para as planuras do Céu e deu-te o poder de fazeres curas, graças e milagres mil a quem luta por dignidade.

Anastácia, és livre, pedimos-te... roga por nós, proteja-nos, envolve-nos no teu manto de graças e com teu olhar bondoso, firme e penetrante, afasta de nós os males e maldizeres do mundo.
(Cruz, 2019)

1. Que oposições marcam aquilo que Anastácia sofre e a forma como ela responde ao sofrimento?

2. Como as descrições de Anastácia subvertem as imagens estereotipadas da mulher negra?

Atividade aplicada: prática

1. Faça uma pesquisa a respeito de artistas visuais negros/as das Américas e do Caribe e registre os principais temas trabalhados por essas/es artistas.

um Literatura africana e afro-brasileira
dois A literatura afro-estadunidense
três Panorama da literatura negra nas Américas e no Caribe
quatro Literatura de autoria negra no Brasil
cinco A literatura e cultura afro-brasileira: literatura, cultura, negritude
seis Mulheres na literatura negra: autoria e representações

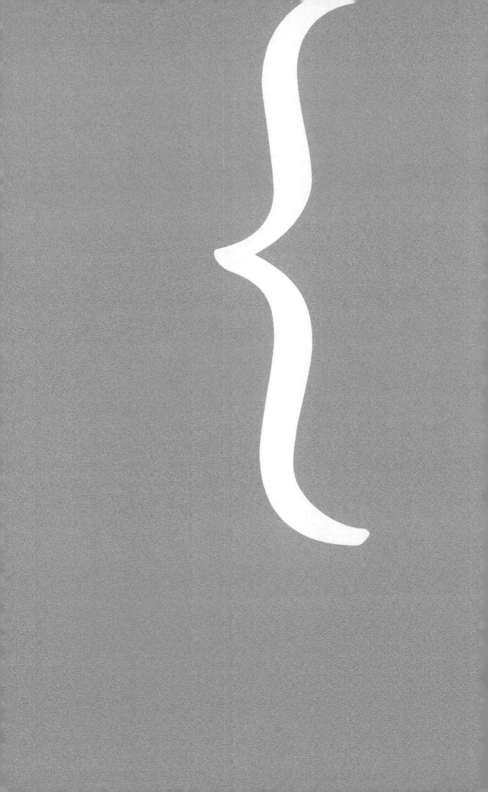

O CÂNONE LITERÁRIO é aquela coleção de obras consideradas referência para determinada tradição. São obras constantes nos programas escolares, selecionadas para figurar nas coleções de "clássicos" e usadas também para exemplificar fenômenos da língua. Quantos livros didáticos baseiam seus ensinamentos gramaticais em frases e versos de Machado de Assis, José de Alencar e Castro Alves, por exemplo?

 A questão é: quem decide o que integra o cânone? A resposta não é complexa. As pessoas que definem o cânone são aquelas que têm prestígio no meio literário e intelectual: críticos literários, acadêmicos, professores, pesquisadores da área de letras, jornalistas especializados no setor artístico e cultural, outros escritores que formam grupos e academias. É notório que essas personalidades e esses grupos são majoritariamente por homens brancos.

Neste capítulo, discutiremos como a literatura de autoria negra se insere – ou está apartada – do cânone literário brasileiro. Analisaremos aspectos da história da literatura de autoria negra, sua formação e a relação entre produção literária e mercado editorial.

quatropontoum
O cânone literário brasileiro e seus processos de construção

Quando se analisam os volumes que formam a obra *Presença da literatura brasileira*, de Antonio Candido e José Aderaldo Castello, verifica-se que o rol de autores selecionados para tratar da história da literatura brasileira é formado por homens brancos. No volume que abarca as origens da literatura brasileira até o período do Realismo (Cândido; Castello, 2008), nenhuma mulher é elencada. Quanto a escritores negros, é sabido que a história e a mestiçagem podem esconder aspectos raciais de nomes conhecidos na cultura brasileira; contudo, no grupo dos reconhecidamente negros constam Machado de Assis, Cruz e Sousa e Lima Barreto. No volume dedicado ao Modernismo (Cândido; Castello, 1964), a situação é parecida: apenas duas autoras fazem parte da antologia. Do grupo de autores modernistas, podemos citar Mário de Andrade como negro; no entanto, a discussão a respeito de sua cor/pertencimento racial é algo mais recente – uma obra que discute essa questão é *Negro drama: ao redor da cor duvidosa de Mário de Andrade*, de Oswaldo de Camargo (1987).

Vale lembrar que, no Modernismo, houve um fortalecimento da temática afro-brasileira, como se verifica nos poemas de Jorge de Lima, porém essas produções ainda veiculavam estereótipos da pessoa negra. Expresso de outro modo, embora haja elementos afro-brasileiros nesses compêndios, eles carecem da combinação entre autoria negra e temática negra. Isso se dá porque, em uma cultura como a nossa, resultante do processo de colonização que escravizou e desumanizou africanos e povos originários, a legitimação de uma obra artística passa pelo pertencimento racial da autoria e por sua adesão aos padrões eurocentrados. Nessa esteira, convém rememorar como a literatura indianista ganhou importância no Romantismo, com uma representação irreal, caricata e embranquecida do indígena. Nesse sentido, o reconhecimento da literatura de autoria indígena é tão urgente quanto da literatura negra.

A obra de Candido e Castello é apenas um exemplo de como o cânone se formou estando limitada a bases patriarcais e eurocêntricas. Como é possível excluir da história do Romantismo um romance pioneiro como Úrsula? Talvez por ter sido escrito por uma mulher negra? Autores como Domingos Caldas Barbosa, Astolfo Marques, Lino Guedes e Solano Trindade também são ignorados ou mencionados muito superficialmente em obras de referência para os estudos de literatura brasileira. Dessa forma, é comum que estudantes, docentes e leitores desconheçam nomes da literatura de autoria negra para além de Machado de Assis e Lima Barreto, cujo pertencimento racial é frequentemente apagado.

Fenômenos como *Quarto de despejo*, publicado em 1960, que vendeu cerca de 30 mil cópias em apenas três meses foram analisados pela perspectiva do exótico; e sua autora, Carolina Maria de Jesus, não foi poupada de descrições como escritora semianalfabeta e autora de obra não literária. Somente na década de 1990, pesquisadores em busca de vozes marginais da literatura resgataram a obra e a autora, que vem sendo reeditada e celebrada nos últimos anos.

quatropontodois
A literatura afro-brasileira

Um grande nó que se repete nos estudos da literatura afro-brasileira é a relação entre a autoria e o tema. Todos os textos de autoria negra apresentam temática ligada à cultura afro? Toda obra escrita por pessoa negra é militante? O racismo é o tema central da literatura de autoria negra? Afinal, é literatura afro-brasileira, negro-brasileira ou afrodescendente?

A primeira obra conhecida dedicada à investigação da literatura de autoria negra no Brasil foi escrita pelo sociólogo francês Roger Bastide em 1943. Na obra, nota-se uma preocupação maior em entender como as implicações psicológicas do ser negro se imprimem na poesia do que em organizar criticamente as produções de autoria negra. O autor intitula sua obra como *A poesia afro-brasileira* (Bastide, 1943) e afirma que ela ainda está muito associada aos modelos tradicionais de literatura herdados dos europeus. Em 1983, outro estrangeiro, David Brookshaw, publicou *Raça e cor na literatura brasileira*, escrito em que destaca a estereotipação do personagem negro, assunto sobre o qual já versamos neste livro.

Em 1987, o escritor e intelectual negro Oswaldo de Camargo publicou a obra *O negro escrito: apontamentos sobre a presença do negro na literatura brasileira*. A partir do século XXI, as pesquisas sobre literatura de autoria negra se intensificaram, e as discussões sobre a nomenclatura do conjunto de obras escritas por pessoas negras também ganharam corpo. Há aqueles que são contrários às denominações que explicitam o caráter étnico-racial das produções literárias por considerarem que a qualidade do texto garantiria sua entrada e permanência no cânone brasileiro; há outros que usam esse mesmo argumento para esconder seu racismo e total desinteresse pela literatura de autoria negra. Na crítica que considera crucial qualificar como negra ou afro-brasileira a literatura produzida por pessoas negras no Brasil, há alguma divergência a respeito da escolha do vocabulário, mas existe consenso quanto aos elementos que caracterizam tal literatura.

No artigo "A trajetória do negro na literatura brasileira", de 2004, o professor e imortal da Academia Brasileira de Letras (ABL) – um dos dois negros que fazem parte do grupo de acadêmicos atualmente – Domício Proença Filho compõe um panorama da presença negra na literatura tanto a partir da representação quanto da autoria. Todavia, ao final de sua generosa contribuição para os estudos literários, o autor afirma que literatura não tem cor. Outros pesquisadores assumem perspectivas diferentes. A apresentação da obra *Literatura afro-brasileira: 100 autores do século XVIII ao XX*, organizada por Eduardo de Assis Duarte, é iniciada da seguinte forma:

> *Literatura tem cor? Acreditamos que sim. Porque cor remete a identidade, logo a valores que, de uma forma ou de outra, se fazem presentes na linguagem que constrói o texto. Nesse sentido, a literatura afro-brasileira se afirma como expressão de um lugar discursivo construído pela visão de mundo historicamente identificada à trajetória vivida entre nós por africanos escravizados e seus descendentes. Muitos consideram que esta identificação nasce do existir que leva ao ser negro. Os traços da negritude, negrícia ou negrura do texto seriam oriundos do que Conceição Evaristo chama de "escrevivência", ou seja, uma atitude – e uma prática – que coloca a experiência como motivo e motor da produção literária.* (Duarte, 2014, p. 11)

O pesquisador confirma a importância do descritor *afro* para designar (de modo distintivo) os processos e as atitudes das pessoas negras que se impregnam na produção literária. Conceitos como o de *escrevivência*, cunhado por Conceição Evaristo, ajudam a compreender como a literatura de autoria negra se sustenta em uma poética com potência dual: de experiências coletivas de pessoas negras no Brasil, a partir da conexão com a matriz africana; e de vivências individuais em sua diversidade resultante dos atravessamentos de gênero, sexualidade, classe social, entre outras. Versaremos mais detidamente sobre esse conceito em capítulo adiante.

Retomando a questão da nomenclatura, Cuti (2010, p. 34-35) afirma que:

> Na literatura, por razões fundamentadas em teorias racistas, a eliminação da personagem negra passa a ser um velado código de princípios. Ou a personagem morre ou sua descendência clareia. A evolução do negro no plano ficcional só pode ocorrer no sentido de se tornar branco, pois a "afro-brasilidade" pode sobreviver sem o negro, uma vez que um afro-brasileiro pode ser um não negro, ou seja, não ser vítima de discriminação racial ou, até ser um discriminador. Daí tal terminologia corresponder às ideias do antropólogo Gilberto Freyre, relativas à noção de uma hierarquia cultural, em que as manifestações de origem africana seriam consideradas estágios inferiores e o cruzamento biológico no Brasil apontaria para o que chamou de "metarraça", ou seja, um futuro de população morena que apagaria toda e qualquer tensão racial.

O que Cuti informa é que o uso do termo *afro-brasileiro* pode esconder características raciais que compõem a experiência negra brasileira. Essa noção positiva de mestiçagem, muito divulgada na primeira metade do século XX, segundo o autor, apagaria as marcas do racismo; consequentemente, invisibilizaria a presença de pessoas negras na história e na literatura, promovendo uma continuidade da cultura afro-brasileira por pessoas que, embora mestiças, não guardam em si as marcas fenotípicas que os faria alvos de discriminação. Cuti discorre, ainda, sobre a dissociação que a expressão *afro* pode gerar em relação à literatura brasileira:

> "Afro-brasileiro" e "afro-descendente" são expressões que induzem discreto retorno à África, afastamento silencioso no âmbito da literatura brasileira para se fazer da sua vertente negra um mero apêndice da literatura africana. Em outras palavras, é como se só à produção de autores brancos coubesse compor a literatura do Brasil. (Cuti, 2014, p. 36)

Há, para Cuti, a necessidade de manter-se no âmbito da literatura brasileira, diferenciando-se, porém, com a qualificação *negro*, a fim de explicitar o questionamento à realidade brasileira da perspectiva da pessoa negra. Miriam Alves, tomando como base suas experiências como escritora e intelectual negra, a respeito da elaboração teórica de uma literatura afro ou negro-brasileira, afirma que:

> Pode ser um conceito em construção academicista, mas consiste numa prática existencial para seus produtores, que ressignifica a palavra negro, retirando-a de uma conotação negativa constituída desde os tempos coloniais, e que permanece até hoje, para fazê-la significar autorreconhecimento da própria identidade e pertencimento etnicorracial. (Alves, 2010, p. 42)

Logo, conforme Miriam Alves, mais do que uma elaboração teórica, a literatura negro-brasileira corresponde a um giro de perspectiva que retira a população negra da invisibilidade e que desloca personagens negras da posição de objeto para a de sujeito. Essas discussões ratificam a necessidade do estudo profundo das obras escritas por autoras e autores negros. Para fins didáticos, neste livro não fazemos uma distinção rigorosa entre literatura afro-brasileira ou negro-brasileira, pois trabalhamos com pensadores e pensadoras que poderão usar ambos os termos. Adotamos a expressão *literatura de autoria negra*, pois tratamos também das expressões literárias do continente africano e da diáspora. De qualquer modo, sugerimos àqueles e àquelas que se debruçarão sobre as obras de autoria negra brasileira o aprofundamento no debate e a leitura das obras citadas.

No Capítulo 1, expusemos dois procedimentos de autoapresentação que funcionam como chaves de leitura para obras de autoria negra: "imagens da ancestralidade" e "afirmação da negritude". Como pormenorizamos nos Capítulos 2 e 3, esses assuntos estão presentes nas obras literárias de autoria negra ao longo das Américas e do Caribe. Essa, porém, não é uma prática de aprisionamento; é uma forma de buscar compreender os caminhos que criaram um *corpus* literário que pode ser ora designado *literatura de autoria negra*.

Antes de prosseguir, é mandatório assinalar que todo esse debate é atravessado pela diversidade e a potencialidade desse conjunto de obras, cuja autoria não é só negra, mas reverbera outros elementos de identidade como gênero, orientação sexual, região do país e questões pessoais de estilo, temática etc.

Segundo Edimilson de Almeida Pereira (2007, p. 187):

> Embora estejam abertos debates acerca da viabilidade ou da não viabilidade de uma Literatura Negra ou Afro-brasileira, o fato é que há sinais históricos, sociais e estéticos que apontam para um outro conjunto de vozes e valores na literatura produzida por autores brasileiros. Por isso, a partir de uma orientação dialética, é importante estabelecer critérios pluralistas, capazes de dialogar com as identidades e as diferenças, para que se possa pensar essas vozes como enunciadoras, entre outras, de valores constituintes da Literatura Brasileira.

Dessa citação, depreendemoss três premissas básicas: (1) há um conjunto de sinais que agrupa essas vozes naquilo que desejamos chamar de literatura afro-brasileira; (2) nesse conjunto há pluralidade; (3) esse *corpus* literário faz parte da literatura brasileira. Logo a literatura afro-brasileira não pode ser considerada um elemento externo à literatura brasileira; por conseguinte, não podemos estudar a literatura brasileira sem considerar a literatura afro-brasileira como constitutiva dela.

A cultura racista em que estamos inseridos condicionou nossos olhares para uma falsa universalidade dos critérios de avaliação de um texto literário. No entanto, da tradição da literatura brasileira, como já aludimos, estão afrodescendentes, pretos e mestiços, por muito tempo não descritos como tal ou paulatinamente embranquecidos, como o clássico exemplo de Machado de Assis. Descortinar nossa literatura é, nesse viés, um ato de descoberta de suas origens afro-brasileiras. Pereira (2007, p. 187) assim explica por que chama nossa tradição literária de *tradição fraturada*:

A tradição, por um lado, institui posições conservadoras que fazem do passado a referência para as atitudes posteriores. Por outro lado, no entanto, a tradição apresenta traços dinâmicos, quando as perspectivas de negá-la ou de reinterpretá-la a situam como fonte de mudanças que apontam em direção do futuro. A identidade da Literatura Brasileira está ligada a uma tradição fraturada, característica das áreas que passaram pelo processo de colonização.

Este estudo, portanto, permite o reconhecimento de nossa ancestralidade literária, algo que deve interessar a todo/a pesquisador/a de literatura, não somente a pessoas negras.

quatropontotrês
A formação de um cânone negro: história da literatura e tradição afro-brasileira

A literatura afro-brasileira ou negro-brasileira se forma quando autoria e tema começaram a fazer emergir um projeto estético a um só tempo individual coletivo. A professora e poeta Lívia Natália, no texto "Intelectuais escreviventes: enegrecendo os estudos literários", afirma a necessidade de expressão, de autoapresentação como cerne da escrevivência:

> *Muitos de nossos mais velhos afirmam que suas vidas dariam um livro e há, constantemente, entre pessoas negras, não apenas a sede de registrar as suas travessias, mas uma sistemática de criar espaços onde o eu possa se expressar, em que possamos partilhar a dureza da experiência de sermos negros num país estruturalmente racista.* (Natália, 2020, p. 211)

Portanto, Natália aponta a necessidade de expressão e de autoapresentação como o cerne da escrevivência. Tomando como um *corpus* possível a lista de autores registrada na obra *Literatura afro-brasileira: 100 autores do século XVIII ao XX*, coordenada por Eduardo de Assis Duarte, constatamos que, entre os primeiros nomes, muitos seguiram as temáticas e estéticas dominantes e não mostraram de forma explícita o que hoje denominamos *consciência racial*. Em outros se vislumbra essa consciência de modo que, atualmente, podemos revisar sua obra com um olhar mais "racializado". Não é de causar estranhamento que nem todos os escritores negros e escritoras negras se filiem a uma tradição afro-brasileira no que concerne a temática e estética, uma vez que nossa tradição preconiza valores oriundos da tradição europeia. Essa característica não ficou no passado, ela permanece. Hoje, porém, temos mais acesso a um discurso que questiona a neutralidade, a atitude de "não ver cor", a falta de compromisso com a diversidade dentro de instituições de ensino de letras, entre outras problemáticas.

Não obstante, já no século XIX, despontaram nomes como Maria Firmina dos Reis e Luiz Gama, declaradamente abolicionistas, pessoas negras que manifestaram seu repúdio às formas grotescas como os africanos e seus descendentes eram tratados. Eis que temos uma linhagem afro-brasileira na literatura e uma história a contar.

A obra organizada por Duarte se inicia com Domingos Caldas Barbosa, poeta filiado ao Arcadismo que está presente em outras obras de referência entre os árcades brasileiros. Na *História concisa da literatura brasileira*, de Alfredo Bosi, o nome de Caldas Barbosa figura em uma nota de rodapé incluída na seção que versa sobre o poeta Silva Alvarenga. Reproduzimos a seguir a nota para, na sequência, tecer algumas considerações:

> *Domingos Caldas Barbosa (Rio, 1738 – Lisboa, 1800), filho de português e angolesa.* Na coletânea de seus poemas, Viola de Lereno *(Lisboa, 1798), reconhece-se a graça fácil e sensual dos lunduns e das modinhas afro-brasileiras que ele transpôs para esquemas arcádicos, durante o seu longo convívio com os poetas da corte de D. Maria I. É um caso típico de* contaminatio *da tradição oral, falada e cantada, com a linguagem erudita [...]*. (Bosi, 2004, p. 79, grifos do original)

A nota de Bosi revela elementos da tradição afro-brasileira e da composição do cânone negro. Caldas Barbosa, além de ser filho de uma mulher angolana, inseriu a tradição afro em seus poemas, tanto no que diz respeito ao ritmo – lunduns e modinhas – quanto em relação à presença da oralidade, tão central em nossa cultura. Essas informações que mostram a subversão do modelo europeu com a mestiçagem literária proposta por autores negros não estão no corpo principal do livro de Bosi, assim como não há exemplo de um poema que ilustre essas inovações estéticas.

Comparando a nota de rodapé ao capítulo do livro de Duarte (2014) dedicado a Caldas Barbosa, fica evidente a diferença na abordagem logo na informação sobre a origem do poeta, descrito como filho de um português com uma mulher que seria sua escrava. Isso aponta que não se trata meramente de uma relação inter-racial entre uma angolana e um português; trata-se da relação de poder que fundou o Brasil e que a celebração da mestiçagem tenta apagar. Essa segunda percepção está mais alinhada à premência de sopesar os aspectos estéticos, culturais e históricos que formadores dos escritores negros. Contemporaneamente, graças à presença mais intensa de pessoas negras no contexto acadêmico, a pesquisa voltada para a autoria negra está em ascensão. Dissertações de mestrado e teses de doutorado sobre literatura negra brasileira elaboradas por pesquisadores negros e negras estão ganhando mais destaque.

A formação de um cânone negro, portanto, depende da recepção dessas obras por parte da imprensa, do público, da crítica e da academia. Sobre o acesso às publicações pelos leitores, discorreremos adiante. Por ora, daremos continuidade à abordagem sobre a história da literatura afro-brasileira. Faremos, a seguir, um recorte historiográfico da nossa literatura, considerando a impossibilidade de abarcar cada autor e autora.

> Um trabalho exaustivo sobre o percurso da literatura afro-brasileiro foi divulgado na obra em quatro volumes *Literatura e afrodescendência no Brasil: antologia crítica*, organizada por Duarte e Fonseca (2011).

4.3.1 Primeiras vozes: séculos XVIII e XIX

No Capítulo 1, mencionamos a falta de registros de narrativas de escravizados e ex-escravizados no Brasil. A literatura de autoria negra do período escravocrata foi desenvolvida por pessoas negras livres, em sua maioria mestiços, filhos de escravizados ou ex-escravizados. Nessas primeiras vozes, já aparecem conexões com tradições culturais africanas e o abolicionismo, porém, nem sempre a expressão da negritude está presente nas obras desse período, ou não está ali de forma explícita, como ocorre na poesia da potiguar Auta de Souza, que obteve grande sucesso com seu livro publicado em 1900, *Horto*, prefaciado por Olavo Bilac. De todo modo, o reconhecimento de Auta como uma poeta negra é de suma importância para que reconheçamos a negritude como força motriz da literatura brasileira desde seus primórdios.

Na sequência, arrolaremos alguns nomes de modo a compor uma espécie de linha do tempo em que se destaca a autoria negra:

Domingos Caldas Barbosa (1738-1800)

Conhecido por sua inteligência, talento e irreverência, Caldas Barbosa é um poeta incluído na lista dos árcades. Quando criança, estudou em um seminário e, mais tarde, concluiu seus estudos em Lisboa. Antes de partir para a metrópole, Caldas Barbosa foi enviado para combater os espanhóis na Colônia de Sacramento como punição por seus versos satíricos dirigidos a portugueses. O poeta é considerado o introdutor da modinha em Portugal, tendo se tornado conhecido trovador, reunindo, com seu violão, música e poesia. Nesse sentido, é importantíssimo que se identifiquem a oralidade como elemento da tradição africana, a sonoridade musical afro-brasileira e a referência à cultura popular. A obra mais lembrada de Caldas Barbosa é *Viola de Lereno* (Lisboa, 1798).

Maria Firmina dos Reis (1822-1917)

Tendo atravessado quase um século de vida, a maranhense tem hoje o reconhecimento de pioneira da literatura brasileira: é autora do primeiro romance abolicionista em língua portuguesa, *Úrsula*. Miranda (2019) destaca a dificuldade da crítica em reconhecer esse lugar de pioneirismo. A obra *Úrsula*, elaborada no contexto do Romantismo, mantém procedimentos típicos do estilo de época e faz uso de estratégias para conduzir as leitoras e os leitores a seu principal objetivo: sensibilizar as pessoas a respeito dos horrores da escravidão.

Sua obra também situa o sujeito negro como dotado de história, origem, memória, esperança e não se furta em enquadrar os senhores brancos como algozes terríveis. Além desse romance de fundação, Firmina publicou o romance *Gupeva* (1861), o volume de poesia *Cantos à beira-mar* (1871), entre outras obras, incluindo o conto *A escrava*, que retomaremos no próximo capítulo para uma análise mais detalhada.

Luiz Gama (1830-1882)

Mencionamos o advogado e poeta Luiz Gama no Capítulo 1, pois o consideramos autor de um dos poucos relatos de ex-escravizados no Brasil. Sua obra *Primeiras trovas burlescas de Getulino*, publicada em 1859, trabalha a negritude do autor. "São os versos de Luiz Gama que configuram um 'eu' lírico negro. O autor traça um lugar diferenciado de emanação do discurso, demarca um ponto de subjetividade não apenas individual, mas coletivo" (Cuti, 2010, p. 67). Nesse sentido, Luiz Gama pode ser uma voz inaugural da literatura afro-brasileira ou negro-brasileira no que diz respeito à expressão da consciência racial.

Machado de Assis (1839-1908)

Machado de Assis é também alvo de disputa na crítica. Alguns o acusam de ser um negro que escreveu como branco e de não se comprometer com a causa abolicionista. Há aqueles que consideram que o caráter mestiço de Machado o descaracteriza como negro. Existem, no entanto, críticos que defendem uma abordagem afro-brasileira na leitura da obra de Machado, chamando atenção para passagens em que o contexto político e social ganha centralidade. A despeito de toda a polêmica, pensamos que é necessário reivindicar como escritor negro este que é um dos expoentes da literatura brasileira, reconhecido mundialmente.

Um dado a ser levado em conta é que os primeiros trabalhos de Machado de Assis foram editados por Francisco de Paula Brito. Paula Brito é um nome importantíssimo da literatura brasileira, pois sua tipografia foi responsável por imprimir obras de relevo do Romantismo. Além disso, Paula Brito, homem negro, editor, escritor, jornalista e tradutor, editou o periódico *O homem de cor*. Como não racializar a trajetória de Machado de Assis? Como esquecer a figura de Paula Brito, imprescindível para a história da edição no Brasil, assim como para a história da literatura brasileira, da literatura negra e do movimento negro? Nesse contexto, assumimos ser muito relevante a presença de Machado na história da literatura negra brasileira.

Cruz e Sousa (1861-1898)

João da Cruz e Sousa nasceu em Florianópolis. Filho de ex-escravizados, foi educado nos melhores colégios da época, por iniciativa dos ex-senhores. Atuou na imprensa catarinense e publicou textos assumidamente abolicionistas. Segundo o texto biográfico elaborado por Giovanna Soalheiro Pinheiro para o livro organizado por Assis Duarte: "O período catarinense do autor é marcado pelo combate ao racismo – do qual foi vítima em diversas ocasiões –, o que o impediu de assumir o cargo de promotor em Laguna para o qual fora nomeado" (Duarte, 2014, p. 69). Cruz e Sousa consolidou o Simbolismo no Brasil com a publicação de *Missal* e *Broquéis*, em 1893, cinco anos antes de sua morte.

4.3.2 Da pós-abolição ao Modernismo

Após a virada do século e com as propostas estéticas do Modernismo, passou a se formar um desenho mais nítido do que seriam as vozes negras na literatura brasileira. Entretanto, autores e autoras desse período ainda hoje recebem atenção aquém de seu merecimento. De fato, tem se fortalecido o interesse de pesquisadores e pesquisadoras por esses escritores e escritoras;

no entanto, eles ainda não estão fixados como cânone. Por isso, destinamos esta seção a um período que se estende até a publicação de *Quarto de despejo*.

Lima Barreto (1891-1922)

Autor considerado representante do Pré-Modernismo, Lima Barreto foi decisivo na inclusão da voz do povo na literatura brasileira. Pessoas comuns, trabalhadores e trabalhadoras, pessoas negras suburbanas habitam sua obra. Essas personagens, no cenário do Rio de Janeiro da virada do século, ajudam Lima Barreto a mostrar como os ecos da escravidão reverberavam na vida do povo, nas discriminações e nas piores condições de vida dos bairros mais periféricos. O próprio escritor teve uma vida cheia de entraves motivados pelo racismo, apesar da pele clara, que algumas pessoas acreditam poupar as pessoas negras da discriminação.

Uma obra cujo enredo é emblemático sobre os atravessamentos de raça e gênero na vida das pessoas simples do subúrbio é *Clara dos Anjos* (Barreto, 2020), publicada postumamente, em 1948. Na história, a jovem negra, Clara, protegida por seus pais, tem um final nada feliz após ser seduzida e enganada por um jovem branco de família influente. Além desse romance, Lima Barreto publicou *Recordações do escrivão Isaías Caminha* (1909), *Triste fim de Policarpo Quaresma* (1911), *Os Bruzundangas* (1923) e mais uma diversidade de contos, crônicas e artigos de jornais publicados em coletâneas.

Astolfo Marques (1876-1918)

O maranhense Raul Astolfo Marques nasceu e viveu na cidade de São Luís, onde atuou como escritor, jornalista e tradutor. Foi um dos fundadores da Academia Maranhense de Letras. Filho de mãe negra livre, que trabalhava como lavadeira, fez serviços típicos de crianças negras da época, como menino de recado, e também frequentou a escola pública.

Sua obra não é tão conhecida, mas seu nome figura em obras de referência sobre a negritude brasileira, como a *Enciclopédia brasileira da diáspora africana* (Lopes, 2011) e *Enciclopédia negra* (Gomes; Lauriano; Schwarcz, 2021). Em 2021, foi lançada a coletânea de contos *O Treze de Maio: e outras estórias do pós-abolição*.

Solano Trindade (1908-1974)

Solano Trindade nasceu em Pernambuco, onde viveu até o início dos anos 1940. Ainda em seu estado de nascimento, participou da fundação da Frente Negra Pernambucana e do Centro de Cultura Afro-Brasileiro, que visava promover seminários e produções artísticas. Já no Rio de Janeiro, Solano Trindade participou da fundação do Teatro Experimental do Negro (TEN), liderado por Abdias Nascimento.

Em 1936, publicou, de forma independente, seu primeiro livro, *Poemas negros*. Depois vieram *Poemas d'uma vida simples* (1944), *Seis tempos de poesia* (1958), entre outras obras que hoje são lidas como alinhadas às propostas modernistas, tanto em relação à ruptura com a linguagem poética tradicional quanto no que se refere à realidade do povo como tema central da poesia.

Ruth Guimarães (1920-2014)

Ruth Guimarães nasceu no interior de São Paulo em 1920. Foi professora, jornalista, tradutora e pesquisadora, além de escritora. Tinha muito interesse pelo folclore e pela cultura popular. Foi por essa via que Ruth entrou em contato com Mário de Andrade e passou a circular entre escritores e intelectuais da época.

Seu romance de estreia, o segundo publicado por uma mulher negra no Brasil (após Maria Firmina dos Reis), *Água funda*, de 1946, foi muito bem recebido pela crítica, rendendo elogios do crítico literário Antonio Candido. Apesar desse destaque, o romance não tem presença garantida nas listas de escritores do Modernismo brasileiro. Recentemente, sua obra tem sido reeditada; mais pesquisadoras estão se debruçando sobre ela e dando publicidade à importância dessa autora para nossa literatura.

Carolina Maria de Jesus (1914-1977)

Um dos nomes mais conhecidos da literatura negra brasileira é o de Carolina Maria de Jesus. Sua principal obra, *Quarto de despejo*, publicada em 1960, foi um fenômeno de vendas e até hoje desperta polêmicas: trata-se de um mero relato da vida de uma favelada ou é uma obra literária de fato? Carolina nasceu em Sacramento, Minas Gerais, e recebeu instrução formal por apenas dois anos.

Em 1947 chegou a São Paulo. Viveu na favela do Canindé com seus três filhos e lá conheceu o jornalista Audálio Dantas, responsável por retirar dos cadernos de Carolina os textos que configuraram *Quarto de despejo*. Carolina também foi um fenômeno na mídia, participando de programas de televisão e rádio, fazendo aparições públicas e noites de autógrafos em várias cidades do Brasil. Os holofotes sobre Carolina foram se apagando conforme a curiosidade sobre a vida de uma escritora da favela diminuía. Carolina saiu do Canindé para realizar seu sonho de viver em uma casa de alvenaria.

Publicou outros livros – *Casa de alvenaria* (1961), *Pedaços de fome* (1963), *Provérbios* (1963) e *Diário de Bitita* (1983) –, mas nenhum obteve a repercussão de *Quarto de despejo*. Atualmente, sua obra está sendo reeditada e revisada de uma outra perspectiva, encaminhada por um conselho editorial composto majoritariamente por mulheres negras.

4.3.3 A série *Cadernos negros*

Carolina Maria de Jesus pode ter sido a precursora da literatura afro-brasileira contemporânea, aquela que fala de dentro da experiência e fora dos padrões estéticos eurocentrados. Sua presença alterou a literatura não só no Brasil, vide a obra de Françoise Ega, a qual comentamos no capítulo anterior. Dezoito anos depois dos cadernos de Carolina se tornarem uma obra traduzida e publicada no mundo inteiro, em 1978, surgiu a série *Cadernos negros*.

Esse é um evento de relevo na história da literatura brasileira. A iniciativa do grupo que iniciou esse trabalho alterou o cenário da literatura brasileira ao possibilitar a publicação de poesia e prosa para escritores e escritoras que desejavam se iniciar na literatura.

> *O grupo de escritores varia de número para número, embora exista sempre uma espécie de célula composta por Cuti e Jamu Minka, que publica desde os números iniciais. A diversidade de poetas e contistas, por um ângulo, abre o leque de oportunidades para que novos escritores tenham seus trabalhos publicados lado a lado com escritores mais experientes, tanto no domínio*

da linguagem e recursos formais quanto no amadurecimento dos temas. Apreciado sobre outra perspectiva, isso também amplia a linha programática do periódico e abre espaço para o surgimento de diversos caminhos de problematização da questão racial no Brasil – um dos temas principais da publicação. (Souza, 2006, p. 96)

Como aponta a professora Florentina da Silva Souza, o referido projeto promoveu não apenas a abertura e a ampliação no campo da publicação, mas também no aprimoramento da discussão a respeito da questão racial. A pesquisa da professora, contida no livro *Afrodescendência em Cadernos negros e Jornal do MNU* (2006), é fonte relevante para quem deseja saber mais sobre a produção textual negra.

A série *Cadernos negros*, que alterna antologia de contos e de poemas, hoje produzida pelo grupo Quilombhoje, foi idealizada por escritores como Cuti, Oswaldo de Camargo e Jamu Minka e introduziu no campo literário nomes como Conceição Evaristo, Miriam Alves, Cristiane Sobral e Eliana Alves Cruz. Atualmente, Márcio Barbosa e Esmeralda Ribeiro são os organizadores da publicação.

4.3.4 Literatura contemporânea

Recompor a história do povo negro rasurando o ponto de vista do colonizador, criar mundos futuros em que a população negra estará viva e próspera, como nas narrativas afrofuturistas, narrar experiências de vida a partir de novas poéticas do tempo e do espaço... Enfim, a literatura afro-brasileira contemporânea é feita de multiplicidade. Como informamos há pouco, muitas autoras e muitos autores iniciaram suas carreiras em *Cadernos negros* e seguem produzindo e publicando (de forma independente, por vezes), compondo um novo *corpus* para a literatura brasileira. O exemplo maior é Conceição Evaristo.

Conceição Evaristo (1946-), nascida em Minas Gerais, foi empregada doméstica na adolescência; passou pelo curso normal, tornando-se professora. Cursou Letras, fez mestrado e doutorado na área com pesquisas sempre voltadas para a literatura afro-brasileira. Conceição publicou texto literário autoral pela primeira vez no volume 14 de *Cadernos negros*, e só publicou obra individual em 2003, com *Ponciá Vicêncio*. A ficção elaborada pela autora "se constrói sobre a experiência negra articulada e articulando o pretérito no presente" (Miranda, 2019, p. 279). As interseções de gênero e raça também são elementos fulcrais em sua obra tanto em prosa quanto em verso; aliás, é dessa dupla dimensão, articulada com a dupla dimensão entre vida e ficção, que emerge o conceito de escrevivência, o qual perpassa todo o estudo sobre literatura de autoria negra. Conceição Evaristo ganhou mais notoriedade ao receber o Prêmio Jabuti, em 2015, com o livro de contos *Olhos d'água*. Sua obra tem sido estudada por pesquisadoras e pesquisadores de todo o Brasil e traduzida para diversos idiomas.

Da mesma linhagem de *Cadernos negros* é a carioca Eliana Alves Cruz, autora de obras que têm como principal característica a intensa pesquisa histórica e a reconstrução do passado que rompe a lógica do colonizador e dá centralidade a personagens negras diversas. A escritora venceu a primeira edição do Prêmio Literário Oliveira Silveira, oferecido pela Fundação Cultural Palmares, em 2015, com o romance *Água de barrela*, que narra a história de sua família desde o século XIX. Posteriormente, publicou *O crime do cais do Valongo* (2018), *Nada digo de ti, que em ti não veja* (2020) e *Solitária* (2022).

Além disso, o resgate da memória negra coletiva está presente nos cordéis de Jarid Arraes, no livro *Heroínas negras brasileiras em 15 cordéis* (2017), e na monumental obra de Ana Maria Gonçalves *Um defeito de cor*.

Por vezes, é a violência urbana e social que serve de mote à literatura; é sabido que esse tema se fixou no cânone com autores como Rubem Fonseca. Especificamente no caso da autoria negra, essa questão se volta para a realidade das favelas e periferias do Brasil e extrapola os estereótipos atribuídos a pessoas negras, como a falta de oportunidades por conta do racismo, entre outras problemáticas. Podemos citar Paulo Lins como um importante representante dessa vertente com o livro *Cidade de Deus* (1997). A obra se tornou uma referência ao ser adaptada para o cinema; e o filme sagrou-se um marco do cinema brasileiro aclamado no mundo todo.

Atualmente, destacam-se o gaúcho José Falero, cronista, contista e autor do romance *Os supridores*, e a paulistana Lilia Guerra, autora de *Perifobia* e *Rua do Larguinho e outros descaminhos*. Ambos são criadores de personagens que circulam por bairros da periferia e não vivem apenas a violência, mas também o amor, as amizades e o sonho.

No campo da fantasia, verifica-se o crescimento do afrofuturismo com autores como Fábio Kabral e autoras como Lu Ain Zaila e Sandra Menezes. Nas obras deles, em um mundo futuro, pessoas negras têm protagonismo e ocorre consolidação de valores africanos e afro-brasileiros, contrariando as imagens embranquecidas de futuro imaginada pelos eugenistas.

É mandatório, ainda, mencionar outros nomes que têm despontado no cenário literário nacional nos últimos anos. Não é possível tratar de literatura contemporânea sem citar *Torto arado*, de Itamar Viera Jr., obra que já tem sido considerada um clássico brasileiro. O romance, que narra a história das irmãs Bibiana e Belonísia no sertão baiano, foi vencedor do Prêmio Leya em 2018 e dos Prêmios Oceanos e Jabuti em 2020. Em 2021, na esteira desse crescimento do interesse por literatura afro-brasileira, foi lançado *O avesso da pele*, de Jeferson Tenório, uma narrativa que se volta para as experiências do protagonista negro no que diz respeito às relações pessoais, raciais e ao racismo em si. Tenório já tinha publicado os romances *O beijo na parede* (2013) e *Estela sem Deus* (2018), consagrando-se com o Prêmio Jabuti em 2021 com *O avesso da pele*.

Na poesia, como já registramos, há muitas iniciativas de publicações coletivas, como antologias. Além disso, muita poesia vem sendo publicada de forma independente e divulgada por meios eletrônicos, como blogues e redes sociais. Analisaremos alguns poemas no próximo capítulo; por ora, adiantamos que a lista de poetas negros e negras é muito extensa para este livro, pois contamos com muitos artistas de peso nesse gênero literário, tais como Conceição Evaristo, Ricardo Aleixo, Lubi Prates, Lívia

Natália, Tatiana Nascimento, Mel Duarte, Catita, Stephanie Borges, Zainne Lima da Silva, Esmeralda Ribeiro, Elisa Lucinda, Cuti, Éle Semog, Elizandra Souza, Natasha Félix, Ryane Leão, Carol Dall Farra e Edimilson de Almeida Pereira.

quatropontoquatro
Mercado editorial e contexto histórico e cultural da produção de obras de literatura negra

Tendo apresentado, nas seções anteriores, essa breve lista dos escritores e escritoras que compõem o cânone negro brasileiro, ratificamos que o processo de revisão da literatura é imprescindível, uma vez que o vazio no que diz respeito à autoria negra é, em parte, uma sensação criada pela invisibilização. Mesmo contemporaneamente, a autoria negra vem lentamente sendo mais estudada, prestigiada e inserida nos programas dos cursos de graduação, nos suplementos literários, entre outros espaços de prestígio. Vale lembrar que a existência negra na diáspora está ligada ao que Du Bois chama de *dupla consciência*, conforme expusemos em capítulos anteriores: embora estejamos em luta pela manutenção de valores e expressões artísticas e culturais negras, vivemos a lógica comercial ocidental, dependendo dos meios de circulação dessa tradição para termos nossas obras divulgadas.

A pesquisadora Regina Dalcastagnè (2012) desenvolve, há alguns anos, um estudo sobre a publicação de romances no Brasil levando em consideração atravessamentos de raça e gênero. Sobre o tema, ela declara:

> *De todos os romances publicados pelas principais editoras brasileiras, em um período de 15 anos (de 1990 a 2004), 120 em 165 autores eram homens, ou seja, mais de 72,7%. Mais gritante ainda é a homogeneidade racial: 93,9% dos autores são brancos. [...] Quase todos em profissões que abarcam espaços já privilegiados de produção de discursos: os meios jornalístico e acadêmico.* (Dalcastagnè, 2012, p. 8)

À época da edição deste livro (2022), 18 anos nos afastam do período final de produção de dados. Nesse intervalo, certamente, essas editoras consideradas grandes publicaram mais escritores negros e escritoras negras brasileiras e novas editoras surgiram.

Grandes editoras estão apostando na publicação de obras de autoria negra seguindo uma demanda que se iniciou com a promulgação da Lei n. 10.639, de 9 de janeiro de 2003 (Brasil, 2003), o que vem aumentando com as discussões sobre antirracismo. O romance *O avesso da pele*, de Jeferson Tenório, é um exemplo de fenômeno contemporâneo que reúne esses elementos: valorização do autor negro, discussão atualizada sobre o racismo, ampla divulgação e distribuição por parte de uma grande editora.

Todavia, é nas editoras independentes especializadas em literatura negra que se produz maior diversidade de obras, temas e gêneros literários. Completa o quadro do mercado editorial os casos de autopublicação, recurso usado por muitas escritoras e muitos escritores para fazer sua obra se concretizar em projetos literários. Ademais, há portais como o Literafro – portal da literatura afro-brasileira –, que divulga trabalhos de autoria negra e é fonte de pesquisa para estudiosas e estudiosos de todo o país.

Seguindo a tradição de *Cadernos negros*, têm sido editadas também diversas antologias que reúnem contos, poemas e crônicas de autoria negra. Essas publicações também partem de iniciativas independentes de grupos que desejam ampliar espaços para as vozes negras e fazer suas produções chegarem ao público leitor. Um exemplo é o livro *Poetas negras brasileiras: uma antologia* (2021), organizado pela escritora Jarid Arraes, em que 70 poetas negras de todo o Brasil são contempladas. O Coletivo Mjiba, do estado de São Paulo, liderado pela poeta Elizandra Souza, também se dedica a publicar mulheres negras, contando com um catálogo que engloba antologias e obras individuais. Em 2021, o Mjiba publicou *Literatura negra feminina: poesias de (sobre) vivência*.

É indispensável que a publicação independente seja valorizada, lida e divulgada, até mesmo como atitude antirracista. As obras coletivas devem ser reconhecidas como uma tradição afro-brasileira de aquilombamento e como berço de novos talentos literários. Contudo, considerando que a literatura afro-brasileira integra um conjunto maior, que é a literatura brasileira, ainda são prementes avanços no mercado editorial como um todo.

Síntese

Neste capítulo, comentamos como um cânone é construído e como a tradição literária relegou a autoria negra ao campo da marginalidade. Aqui, empreendemos a reelaboração do cânone, a construção de um cânone negro em que nossos precursores e precursoras sejam honrados e colocados nos lugares devidos de reconhecimento não só para a literatura afro-brasileira, mas também para a literatura brasileira como um todo. O exemplo mais significativo disso é Maria Firmina dos Reis, que escreveu o primeiro romance abolicionista brasileiro e foi excluída da maior parte das obras que versam sobre a história da literatura nacional, assim como de livros didáticos e programas dos cursos de graduação em Letras.

Compusemos uma breve linha do tempo dos precursores aos contemporâneos, para mostrar como é vasta a produção literária de autoria negra. Alertamos que ela poderia ser ainda mais ampla se o mercado editorial tivesse compromisso maior com a publicação de obras de pessoas negras. Além disso, refletimos sobre as dificuldades que a população negra, de modo geral, enfrenta para tornar a escrita presente em sua vida, dadas as condições socioeconômicas desprivilegiadas de grande parte do povo negro no Brasil.

Indicações culturais

MEDIDA provisória. Direção: Lázaro Ramos. Brasil, 2022.
    Filme baseado na peça *Namíbia, não!*, escrita por Aldri Anunciação e dirigida nos palcos por Lázaro Ramos. A história se passa em um futuro distópico no qual uma medida provisória obriga cidadãos negros a retornar para a África supostamente como reparação histórica.

XÊNIA. Artista: Xênia França. Brasil: Agogô, 2017.
O álbum da cantora baiana Xênia França reúne canções que referenciam diferentes elementos culturais afro-brasileiros.

Atividades de autoavaliação

1. Assinale a alternativa que apresenta uma afirmação verdadeira sobre a formação do cânone na perspectiva tradicional:
   a. O cânone é criado a partir da popularidade de uma obra literária.
   b. O cânone destaca autores e autoras por seu pioneirismo e inovação na literatura.
   c. O cânone se forma do ponto de vista da crítica especializada, acadêmicos e grandes editoras.
   d. O cânone leva em consideração as diversas matrizes culturais brasileiras, como a africana e a indígena.
   e. O cânone literário é a lista de livros mais vendidos em um país.

2. Sobre a formação de um cânone negro, é correto afirmar que:
   a. devemos considerar um conjunto de obras diversas em relação ao tema, aos gêneros e aos estilos.
   b. trata-se de um conjunto de obras homogêneo em que se destaca o tema do racismo.
   c. é composto por um conjunto de obras restrito a pessoas com formação acadêmica.
   d. trata-se de um conjunto de obras que tenham protagonistas negros, sem exclusividade quanto à autoria, podendo os autores serem brancos ou negros.
   e. é algo já formado e consolidado, amplamente estudado em universidades.

3. Quanto à história da literatura afro-brasileira, marque verdadeiro (V) ou falso (F) nas assertivas a seguir:

( ) Machado de Assis é considerado um autor militante da causa abolicionista.

( ) Maria Firmina dos Reis teve sua obra relegada ao esquecimento por sua tripla condição de mulher, negra e natural de um estado fora do eixo político central do Brasil.

( ) Carolina Maria de Jesus produziu apenas uma obra: *Quarto de despejo*. Depois disso, voltou a trabalhar como empregada doméstica e não se voltou mais para a literatura.

( ) Os *Cadernos negros* constituem um marco para a literatura brasileira por desafiar a lógica que impede que pessoas negras tenham seus textos publicados em livro.

Agora, marque a alternativa que corresponde à sequência correta de preenchimento dos parênteses, de cima para baixo:

a. V-V-V-V
b. F-F-F-F
c. F-V-F-V
d. F-F-V-V
e. V-V-F-F

4. A respeito da literatura contemporânea, marque verdadeiro (V) ou falso (F) nas assertivas a seguir:

( ) As grandes editoras e as editoras independentes têm investido na publicação de autoria negra nos últimos anos pela crescente demanda por referências antirracistas.

( ) *Torto arado*, romance do baiano Itamar Viera Jr., foi contemplado com diversos prêmios no Brasil e no exterior e se tornou um novo clássico brasileiro.

( ) O afrofuturismo é uma vertente em expansão na literatura de autoria negra por criar um futuro com base em matrizes de culturas e valores africanos e afro-brasileiros.

( ) Na literatura contemporânea, há obras que se voltam para o passado a fim de reconstruir a memória de nossos antepassados e de figuras históricas importantes e esquecidas.

Agora, marque a alternativa que corresponde à sequência correta de preenchimento dos parênteses, de cima para baixo:

a. F-F-F-F
b. V-V-V-V
c. V-V-V-F
d. F-V-V-V
e. F-V-F-V

5. Assinale a alternativa incorreta sobre a série *Cadernos negros*:
a. Surgiu nos anos 1970.
b. O poeta Cuti é um de seus idealizadores.
c. Conceição Evaristo iniciou sua carreira literária nesse projeto.
d. É uma realização do movimento negro brasileiro.
e. Trata-se de um projeto financiado pelo governo federal.

Atividades de autoaprendizagem

Questões para reflexão

Leia o conto O *pecado*, de Lima Barreto:

> *Quando naquele dia São Pedro despertou, despertou risonho e de bom humor. E, terminados os cuidados higiênicos da manhã, ele se foi à competente repartição celestial buscar ordens do Supremo e saber que almas chegariam na próxima leva.*
>
> *Em uma mesa longa, larga e baixa, em grande livro aberto se estendia e debruçado sobre ele, todo entregue ao serviço, um guarda-livros punha em dia a escrituração das almas, de acordo com as mortes que Anjos mensageiros e noticiosos traziam de toda extensão da terra. Da pena do encarregado celeste escorriam grossas letras, e de quando em quando ele mudava a caneta para melhor talhar um outro caráter caligráfico.*
>
> *Assim páginas ia ele enchendo, enfeitadas, iluminadas em os mais preciosos tipos de letras. Havia no emprego de cada um deles, uma certa razão de ser e entre si guardavam tão feliz disposição que encantava o ver uma página escrita do livro. O nome era escrito em bastardo, letra forte e larga; a filiação em gótico, tinha um ar religioso, antigo, as faltas, em bastardo e as qualidades em ronde arabescado.*
>
> *Ao entrar São Pedro, o escriturário do Eterno, voltou-se, saudou-o e, à reclamação da lista d'almas pelo Santo, ele respondeu com algum enfado (endado do ofício) que viesse à tarde buscá-la.*

Aí pela tardinha, ao findar a escrita, o funcionário celeste (um velho jesuíta encanecido no tráfico de açúcar da América do Sul) tirava uma lista explicativa e entregava a São Pedro a fim de se preparar convenientemente para receber os exvivos no dia seguinte.

Dessa vez ao contrário de todo o sempre, São Pedro, antes de sair, leu de antemão a lista; e essa sua leitura foi útil, pois que se a não fizesse talvez, dali em diante, para o resto das idades – quem sabe? – o Céu ficasse de todo estragado. Leu São Pedro a relação: havia muitas almas, muitas mesmo, delas todas, à vista das explicações apensas, uma lhe assanhou o espanto e a estranheza. Leu novamente. Vinha assim:

P. L. C., filho de..., neto de..., bisneto de... – Carregador, quarenta e oito anos. Casado. Casto. Honesto. Caridoso. Pobre de espírito. Ignaro. Bom como São Francisco de Assis. Virtuoso como São Bernardo e meigo como o próprio Cristo. É um justo.

Deveras, pensou o Santo Porteiro, é uma alma excepcional; como tão extraordinárias qualidades bem merecia assentar-se à direita do Eterno e lá ficar, per saecula saeculorum, gozando a glória perene de quem foi tantas vezes Santo...

— E por que não ia? deu-lhe vontade de perguntar ao seráfico burocrata.

— Não sei, retrucou-lhe este. Você sabe, acrescentou, sou mandado...

— Veja bem nos assentamentos. Não vá ter você se enganado. Procure, retrucou por sua vez o velho pescador canonizado.

> *Acompanhado de dolorosos rangidos da mesa, o guarda-livros foi folheando o enorme Registro, até encontrar a página própria, onde com certo esforço achou a linha adequada e com o dedo afinal apontou o assentamento e leu alto:*
>
> *— Esquecia-me... Houve engano. É! Foi bom você falar. Essa alma é a de um negro. Vai para o purgatório.* (Barreto, 1924)

1. Reflita sobre a forma como a ironia usada por Lima Barreto auxilia na exposição e na crítica ao racismo.

2. Explique o título do conto.

Atividade aplicada: prática

1. Vá a uma livraria física ou virtual e faça uma análise de mercado.

   No caso de loja física, observe nas estantes ou mesas de destaque quais são os lançamentos e os mais vendidos. Há livros de autoria negra brasileira nesses espaços? Em caso positivo, quais são os títulos? Verifique também se há um espaço apenas para literatura afro-brasileira ou algum tipo de indicação nesse sentido.

   Caso você escolha fazer a pesquisa em uma livraria virtual, visite o *site* e analise, inicialmente, a página principal. Em seguida, use a ferramenta de busca, ou as abas do *site*, para conferir quais são os destaques em literatura brasileira, literatura afro-brasileira e nos mais vendidos.

   Após essa análise, reflita: como está a situação da literatura afro-brasileira no mercado editorial? Há algum tipo de indicação que especifique em termos raciais a autoria das obras? Que livros do *corpus* da literatura afro-brasileira você esperava encontrar?

um	Literatura africana e afro-brasileira
dois	A literatura afro-estadunidense
três	Panorama da literatura negra nas Américas e no Caribe
quatro	Literatura de autoria negra no Brasil
cinco	**A literatura e a cultura afro-brasileiras: literatura, cultura, negritude**
seis	Mulheres na literatura negra: autoria e representações

❪ NO CAPÍTULO ANTERIOR, discutimos a elaboração do cânone negro a partir do questionamento à tradição e às práticas editoriais. Agora, nos dedicaremos a uma análise mais próxima dos textos literários, ou seja, interpretaremos poemas e narrativas aplicando as bases teóricas que expusemos até aqui.

Ao ler uma obra literária, o/a leitor/a experiente empreende o esforço de entender sua estrutura, suas escolhas formais, conceituais, temáticas e estéticas; também se dispõe a identificar seu contexto de produção e os diálogos estabelecidos com a literatura de seu tempo e com a tradição. No caso da literatura de autoria negra, que elementos é preciso buscar? Como tratar a temática racial? O que a literatura de autoria negra inscreve no bojo da literatura brasileira no que concerne a inovação, tradição e questionamento?

Assumindo o objetivo de propor respostas a essas perguntas, discutiremos primeiramente as imagens de pessoas negras na cultura brasileira e demonstraremos como a teoria literária especializada vem tratando a literatura afro-brasileira.

cincopontoum
Imagens do negro na cultura brasileira

A cultura brasileira é, frequentemente, elogiada pela diversidade e pela miscigenação. No entanto, como sociedade, vivemos sob o jugo do racismo estrutural. Essa forma de racismo está na base da sociedade e das nossas relações, pois fundamenta a cultura brasileira desde a colonização, quando se difundiu o discurso de inferioridade do sujeito negro, o qual atravessou todas as áreas da vida e da cultura. As manifestações religiosas foram demonizadas, o corpo negro foi violentado e hipersexualizado para ser, em seguida, reprimido e moldado segundo os valores europeus. Os arranjos familiares foram desfeitos, a memória foi restringida, a produção de conhecimento foi cerceada. Essa inferioridade histórica e politicamente construída no processo de constituição de subjetividades (Almeida, 2018) também se manifesta na literatura e em outras áreas da cultura, como nas produções cinematográficas e televisivas e nas artes visuais, por meio de imagens que naturalizam a inferioridade de pessoas negras e até mesmo as ridicularizam.

Vale, então, refletirmos sobre uma imagem já bastante divulgada, mas muito relevante para analisar o processo de apagamento da negritude, tendo o embranquecimento como solução. Trata-se da pintura *A redenção de Cam*, de Modesto Brocos.

Figura 5.1 – *A redenção de Cam*, de Modesto Brocos

BROCOS, M. A redenção de Cam. 1895. 1 óleo sobre tela: color.; 199 × 166 cm.
Museu Nacional de Belas Artes, Rio de Janeiro, Brasil.

A pintura retrata um processo de gradação cromática em que uma mulher idosa, supostamente a avó, de pele negra, parece agradecer ao céu pelo nascimento de seu neto branco. No meio da gradação estaria a filha, negra de pele clara, fruto da miscigenação, e seu marido branco; juntos, eles teriam dado origem a uma criança sem traços negros. A tela ilustra a ideologia eugenista, que pregava a "higiene social" por meio da seleção de indivíduos superiores, ou seja, de raças ditas civilizadas, e exclusão dos demais indivíduos.

No caso da adaptação dessas teorias para a realidade brasileira, a ideia era de que a miscigenação serviria para que, gradualmente, os negros deixassem de existir; com isso, seria formada uma sociedade civilizada e aprimorada, ou seja, embranquecida. O título do quadro do pintor espanhol, que foi professor na Escola Nacional de Belas Artes do Rio de Janeiro, faz menção a um episódio bíblico usado para justificar a escravização de pessoas africanas. Em tal narrativa, Cam teria visto a nudez e a embriaguez de seu pai, sendo amaldiçoado e condenado à servidão com seus descendentes, que seriam os africanos. Dessa forma, a redenção de Cam não seria a libertação dos escravizados, mas a libertação do corpo das marcas da negritude, ou seja, do pecado, da condenação.

Analisar essa pintura entendendo o racismo que está retratado nele revela que a cultura brasileira valorizou a miscigenação como apagamento das origens africanas tanto do povo quanto dos costumes e conhecimentos. Além disso, para manter a supremacia branca, esses valores deveriam ser almejados pelos negros; por isso é que a idosa negra é retratada agradecendo aos céus por seu neto branco. As formas de criar desejo pela brancura e ojeriza pela negritude passam pela imagem estereotipada das pessoas negras.

Desde o início da abordagem que estamos fazendo neste livro, assinalamos que a literatura atuou na criação e divulgação de estereótipos raciais, representando a branquitude como civilizada, dotada de valores morais e religiosos corretos. Nesse processo, as pessoas negras, além de serem representadas em situação de subalternidade, servindo aos senhores, sendo castigadas com torturas físicas e psicológicas, tiveram associadas a si conceitos como o mau-caratismo, a incontinência sexual e a preguiça.

Na cultura de massa, na televisão, no cinema, nas redes sociais, muitas vezes é por meio do humor que pessoas negras são inferiorizadas. Caricaturas do "pobre", do "bêbado", da "mulata assanhada", da "negra feia" etc. são imagens que ridicularizam pessoas negras enquanto pessoas brancas mantém suas subjetividades positivas. Adilson Moreira (2020, p. 73), no livro *Racismo recreativo*, explica que:

> O humor hostil cumpre então uma função importante: preservar a distinção social positiva de um grupo social em relação ao outro por meio da ênfase nos aspectos negativos dos que são representados em expressões humorísticas. Isso ocorre a todo momento, mas principalmente quando o avanço dos direitos de minorias ameaça desestabilizar o sentimento de superioridade.

O humor na forma do racismo recreativo cria uma via dupla em que pessoas em posição de prestígio se mantêm confortáveis enquanto os grupos dominados são hostilizados. A frase final dessa citação é especialmente assertiva, pois, ao contrário do que possa parecer, sempre houve luta por direitos e avanços nas áreas social, cultural e política por parte dos grupos minorizados. Como temos reiterado, a literatura é um campo de disputa em que pessoas negras se colocam como autoras e como expositoras dos processos de inferiorização de que são vítimas, revisando a ideia de vitimização como algo negativo para uma consciência que impele à ação.

Nesse sentido, a literatura de autoria negra cria, divulga e autoriza imagens positivas da negritude com a valorização dos traços negros, da espiritualidade afro-brasileira, dos sentimentos de amor e solidariedade, dos processos de revolta e libertação, entre tantos outros aspectos presentes nos textos, como detalharemos mais adiante.

cincopontodois
Teoria da literatura afro-brasileira: de Roger Bastide às contribuições contemporâneas

A teoria literária afro-brasileira contribuiu para o reconhecimento dos aspectos de positivação da imagem negra. Os primeiros teóricos a se dedicarem ao estudo da literatura afro-brasileira foram os chamados *brasilianistas* – pesquisadores estrangeiros interessados em analisar as expressões artísticas brasileiras. São conhecidos os estudos de Roger Bastide, Raymond Sayers, Gregory Rabassa e David Brookshaw.

Na introdução do livro *A poesia afro-brasileira* (1943), Bastide afirma que há grande interesse em estudar a literatura escrita por pessoas negras ("homens de cor", em suas palavras) não só pela questão literária, mas também para investigar aspectos da psique negra. Nesse sentido, Bastide (1943, p. 19) sinaliza haver uma busca por assimilação à cultura dominante:

> A literatura afro-brasileira está marcada pelo estigma da imitação. Porque as representações coletivas só existem incarnadas nas consciências individuais e é justamente ao passar através da alma de um homem de cor que elas adquirem matiz diferente, se diversificam e se enriquecem. E é através dessa imitação que se opera a conquista de uma originalidade saborosa.

Há muito o que se comentar sobre essa citação. O que ela revela sobre a literatura afro-brasileira é positivo ou negativo? Ao mesmo tempo que o pensador parece ecoar as vantagens da miscigenação, ele trabalha um conceito recorrente nos nossos estudos, que é a dupla consciência. Então, ele afirma que, ao imitar o modelo canônico, o autor negro o altera, pois nele há elementos outros a serem expressos na literatura, o que promove a originalidade. Nesse caso, estamos diante de uma lógica masculina, em que a palavra *homem* não somente se refere ao ser humano universal como descreve também uma autoria masculina. Não obstante, acreditamos que esse estudo de Bastide traga como principal contribuição a caracterização da literatura afro-brasileira, além da análise de poemas de Caldas Barbosa, Cruz e Sousa, Lino Guedes, entre outros.

Após essa primeira fase, mais dominada por estrangeiros, a produção literária negra, assim como sua divulgação na mídia e entre o público leitor, aqueceu as elaborações teóricas sobre a literatura afro-brasileira. Ademais, os periódicos e as antologias organizados por integrantes do movimento negro, como os *Cadernos negros*, mobilizaram politicamente a recepção das obras literárias. São intelectuais negros e não negros, professoras e professores de universidades, pesquisadoras e pesquisadores que se debruçam sobre as obras de autoria negra a fim de investigar procedimentos formais e conceituais que revelam aspectos definidores de nossa literatura. Muitos dos escritores e escritoras também se dedicaram à análise das produções e à organização do *corpus* literário negro. Esses trabalhos contribuem muito no sentido de disponibilizar referências a quem está estudando literatura brasileira, para as pessoas que sentem a defasagem de conteúdos sobre autoria negra e para docentes que desejam incluir essas obras em seus programas e ementas.

Com o objetivo de sistematizar esse tema e facilitar a consulta às obras contemporâneas de referência, versaremos sobre algumas delas de forma muito breve, reunindo títulos que temos mencionado ao longo do livro.

5.2.1 Contribuições contemporâneas

O escritor Oswaldo de Camargo (1936-), desde os anos 1980, vem contribuindo para a elaboração de uma teoria literária negra. Um exemplo é a obra *O negro escrito: apontamentos sobre a presença do negro na literatura brasileira* (1987), que, além de conter ensaios sobre literatura, reúne alguns textos em uma antologia.

Mais recentemente, seu companheiro na fundação de *Cadernos Negros*, Cuti (pseudônimo de Luiz Silva, nascido em 1951), produziu uma obra em que explora as terminologias aplicadas à literatura de autoria negra: *Literatura negro-brasileira* (2010). Seria ela literatura afro-brasileira, afrodescendente ou negro-brasileira? O título do livro já adianta a resposta, a qual o autor justifica em suas páginas. A argumentação de Cuti, pautada no cenário político e racial brasileiro, aponta para a necessidade de marcar a negritude como traço distintivo do indivíduo: "Afro-brasileiro, expressão cunhada para a reflexão dos estudos relativos aos traços culturais de origem africana, independeria da representação do indivíduo de pele escura, portanto, daquele que sofre diretamente as consequências da discriminação" (Cuti, 2010, p. 39).

Miriam Alves (1950-), além de atuar como poeta e prosadora, escreveu diversas reflexões teóricas sobre a literatura de autoria negra. Uma obra em que essas reflexões estão organizadas é *BrasilAfro autorrevelado: literatura brasileira contemporânea* (2010). Seu título contém um jogo interessante de palavras: primeiro a junção entre Brasil e África, que é, para muitos autores e autoras, uma questão identitária primordial; depois, o prefixo *auto* informando a agência afro-brasileira reveladora de si própria; por fim, a autora afirma que a literatura sobre a qual ela versará é a literatura brasileira contemporânea, contemplando aquilo que sempre esteve excluído do cânone nos estudos literários brasileiros:

> *É interessante notar que a produção dos escritores negros brasileiros, apesar de desconhecida da mídia geral e canônica, sempre esteve presente nas entidades e manifestações negras. Isso demonstra que, na pedagogia da existência, o lugar enquanto espaço vivido exerce papel revelador do espaço em que se está inserido e do espaço de que se é excluído.* (Alves, 2010, p. 46-47)

Afrodescendência em Cadernos Negros e Jornal do MNU (2006), de Florentina da Silva Souza, oferece uma visão aprofundada sobre textos publicados na série literária e no periódico. Nas palavras da autora:

> *Mobiliza-me, na análise dos textos, a possibilidade de entender o modo como seus autores constroem imagens que se contrapõem e redesenham as imagens instituídas e as suas potencialidades para alterar o funcionamento das malhas do sistema de exclusão-inclusão, visibilidade-invisibilidade dos afrodescendentes na chamada cultura brasileira.* (Souza, 2006, p.19-20)

Em uma obra voltada para a educação, Edimilson de Almeida Pereira (1963-) também elabora um quadro sobre a autoria negra na literatura brasileira, analisando poemas e entrevistando autores e autoras. Em *Malungos na escola: questões sobre culturas afrodescendentes e educação* (2007), o autor estuda o congado no contexto da cultura afro-brasileira e expõe o conceito de tradição fraturada, o qual explicamos no capítulo anterior.

Outro teórico proeminente da literatura afro-brasileira é Eduardo de Assis Duarte (1950-), que compôs, em parceria com seu grupo de pesquisa da Universidade Federal de Minas Gerais (UFMG), a obra *Literatura e afrodescendência no Brasil: antologia crítica* (2011), com quatro volumes que somam mais de 2 mil páginas. Para este trabalho, adotamos como referência o livro *Literatura afro-brasileira: 100 autores do século XVIII ao XX* (2014), coordenado pelo pesquisador. Ainda, o professor e pesquisador coordena o *site* Literafro, vinculado ao grupo interinstitucional de pesquisa Afrodescendências na Literatura Brasileira.

Outros nomes importantes são Zilá Bernd, Nei Lopes, Domício Proença Filho; também merece menção Conceição Evaristo, que, além de criar o conceito de escrevivência, teceu algumas reflexões acerca da disputa entre estudiosos sobre a existência e a legitimidade do que chamamos de *literatura negro-brasileira* ou *afro-brasileira*:

> *Afirmando um contradiscurso à literatura produzida pela cultura hegemônica, os textos afro-brasileiros surgem pautados pela vivência de sujeitos negros/as na sociedade brasileira e trazendo experiências diversificadas, desde conteúdo até os modos de utilização da língua.* (Evaristo, 2009, p. 27)

É nesse contradiscurso apontado por Conceição Evaristo e elaborado por ela na poesia e na ficção que se propõe um novo sistema de imagens negras, assim como um novo cânone. Para observar essas provocações e inovações estéticas, culturais e políticas, a seguir exploraremos uma pequena coletânea de textos comentados com o objetivo de ilustrar, na prática, as questões teóricas já expostas. Fazemos a você, leitor/a, o convite de ampliar as interpretações, fazer suas próprias análises, levando sempre em consideração o texto em si, e não as expectativas possíveis diante de uma obra de autoria negra. Afinal, nossa literatura é ampla e diversa e dialoga com distintas realidades e perspectivas.

cincopontotrês
Poesia afro-brasileira em perspectiva e o cânone literário

A literatura afro-brasileira descortina aquilo que a tradição desejou esconder: a revolta do povo negro contra a escravidão e a submissão, os traços físicos de origem africana, a espiritualidade não cristã, o amor e a admiração pela pessoa negra para além do fetiche colonizador. Na poesia, a expressão do eu, da primeira pessoa do discurso, marca uma manifestação de voz autêntica de reivindicação negra pelo reconhecimento de sua origem, aparência e relevância.

No poema *Lá vem verso*, já citado no Capítulo 1, Luiz Gama reivindica: "Quero que o mundo me encarando veja/Um retumbante *Orfeu de carapinha*" (Gama, 2016, p. 31, grifo do original). A afirmação da negritude e da beleza presente nesse texto reverbera na poética negra ao longo da formação de seu *corpus*. A afirmação da beleza negra vem acompanhada da denúncia aos padrões de beleza que nos pressionam a alterar nossa aparência com o objetivo de nos aproximar do ideal branco. Diversas obras tratam dessa questão.

A poeta Cristiane Sobral, no livro *Só por hoje vou deixar meu cabelo em paz*, elabora a poética dos escurecimentos necessários ao questionar os "espelhos tortos" que produzem a recusa à própria imagem: "Porque não foi feita branca de olhos azuis, / como a imagem do Criador, / O filho da luz?" (Sobral, 2014, p. 22). A poeta resgata a relação entre beleza, bondade, pureza relacionada à cultura cristã e, consequentemente, à brancura, mostrando que a questão da aparência não é uma superficialidade, pois a corporeidade negra é central no processo de subalternização:

> Na tradição de origem africana, o corpo tem papel e função bastante diferente daquele proposto pala tradição ocidental e pela tradição religiosa judaico-cristã. O corpo móvel, elástico e gingado será visto como exótico e imoral por uma cultura na qual é trabalhado desde a infância, para a imobilidade, tolhido em seus movimentos e na expressão dos seus desejos. A liberdade dos movimentos do corpo e a valorização da sua linguagem são desprestigiados e mesmo reprimidos pelo sistema educacional e religioso ocidental e hegemônico, forçando homens e mulheres a se especializarem na criação de formas de expressão camufladas sob o véu do puritanismo. (Souza, 2006, p. 102)

Como mostra Florentina Souza, há toda uma produção de corpos reprimidos, disciplinados para serem úteis apenas aos interesses dos grupos dominantes. A poesia negra como poética da liberdade possibilita que o eu-poético viva seu corpo integral, em sua beleza, prazeres e desejos. Eis um exemplo:

> Eu queria sol em nossa relação,
> mas a chuva não passa,
> não existe outra estação.
> O temporal alagou os nossos sentimentos,
> deixou eu cobertor de esperança
> entre os ventos.
> Èpàrèi, Iansã,

> *rainha das tempestades*
> *há sempre a esperança*
> *de que amanhã na minha cama*
> *faça sol*
> *e nos inspire uma dança.* (Ribeiro, 2018, p. 105)

Esse exemplo evidencia como o desejo se apresenta diverso, mas sempre na gramática da valorização da negritude. O poema de Esmeralda Ribeiro, *Temperatura do amor*, publicado no volume 41 de *Cadernos negros*, recorre à orixá dos ventos e tempestades, Iansã, para pedir que o desejo sexual em seu relacionamento se acenda. As imagens da natureza, unidas à referência à religiosidade afro-brasileira, compõem, com a presença do desejo sexual feminino, um conjunto de ideias que se opõem à objetificação do corpo negro e à repressão sexual relacionadas à religiosidade judaico-cristã.

O tema da travessia do Atlântico, da diáspora, é também recorrente na poesia contemporânea de autoria negra. O livro *Um corpo negro*, de Lubi Prates (Prates, 2022, p. 27-28), que ganhou muita repercussão desde sua publicação em 2018, traz o poema *para este país*, do qual selecionamos os versos a seguir:

> *para este país*
> *eu traria*
> *os documentos que me tornam gente*
> *os documentos que comprovam: eu existo*
> *parece bobagem, mas aqui*
> *eu ainda não tenho certeza: existo.*
> *[...]*

> *para este país*
> *eu trouxe*
> *a cor da minha pele*
> *meu cabelo crespo*
> *meu idioma materno*
> *minhas comidas preferidas*
> *na memória da minha língua*
> *[...]*
> *para este país*
> *eu trouxe todas essas coisas*
> *e mais:*
> *ninguém notou,*
> *mas minha bagagem pesa tanto*

Para este país, de Lubi Prates.

No poema de Lubi Prates, o eu poético imagina uma lista de itens que "traria" para este país. Nessa lista estão as coisas que não vieram com as africanas e os africanos escravizados, itens que comporiam uma história, uma memória, uma existência reconhecida. Em seguida, são listadas as coisas que foram trazidas: a cor da pele, a textura do cabelo, a cultura, a língua. Trata-se de um conjunto de elementos que a cultura dominante menosprezou e ainda menospreza, como fica evidente nos versos que finalizam o poema: "ninguém notou, / mas minha bagagem pesa tanto".

Nesse tema da busca de si, há vasto repertório. Alertamos, aqui, para a diferença entre as expressões poéticas dessa busca na literatura tradicional canônica e na autoria negra: na poesia afro-brasileira, o tema existencial toca, tangencia ou mergulha na história da escravização e da colonização e considera o sequestro da história passada e as violências contínuas sofridas pelo povo negro.

Nessa proposta de questionar as imagens de subalternidade, consta também, na intertextualidade, em formato de paródia, a resposta à folclorização e à estereotipação contra a pessoa negra promovida pela literatura canônica.

cincopontoquatro
Prosa afro-brasileira em perspectiva e o cânone literário

A prosa afro-brasileira trabalha assuntos que também aparecem na poesia, mas com a possibilidade de ampliar cenários pouco explorados na literatura brasileira. O gênero conto é muito presente no *corpus* da literatura afro-brasileira, assim como o poema, pela facilidade de divulgação em meios alternativos e antologias. Já o romance, como já registramos, tem menos espaço nas editoras. Nesta seção, apresentaremos alguns excertos de contos e romances da literatura afro-brasileira, iniciando com o conto *A escrava*, de Maria Firmina dos Reis, publicado em 1887, um ano antes da assinatura da Lei Áurea.

Nessa narrativa, há um preâmbulo em que uma narradora, desejando sensibilizar um grupo de pessoas em uma festa, decide contar sua experiência de encontro com uma mulher escravizada em fuga, pontuando a violência e a indignidade desse sistema. Uma das inovações dessa narrativa é que Joana, a mulher escravizada em fuga, já muito debilitada, pede a palavra e conta sua história para a mulher que a acolhe (Barros, 2018). Nesse momento,

Joana relata as mentiras contadas pelo senhor de escravos e as violências do feitor contra ela e sua família:

> A hora permitida ao descanso, concheguei a mim meus pobres filhos, extenuados de cansaço, que logo adormeceram. Ouvi ao longe rumor, como de homens que conversavam. Alonguei os ouvidos; as vozes se aproximavam. Em breve reconheci a voz do senhor. Senti palpitar desordenadamente meu coração; lembrei-me do traficante... Corri para meus filhos, que dormiam, apertei-os ao coração. Então senti um zumbido nos ouvidos, fugiu-me a luz dos olhos e creio que perdi os sentidos.
>
> Não sei quanto tempo durou este estado de torpor; acordei aos gritos de meus pobres filhos, que me arrastavam pela saia, chamando-me: mamãe! Mamãe!
>
> Ah! minha senhora! abriu os olhos. Que espetáculo! Tinham metido adentro a porta da minha pobre casinha, e nela penetrado meu senhor, o feitor, e o infame traficante.
>
> Ele, e o feitor arrastavam sem coração, os filhos que se abraçavam a sua mãe. (Reis, 2004, p. 256-257)

A história da escravidão esteve diante dos olhos de Maria Firmina dos Reis e impressa em sua origem. Chega a nós, por meio da literatura, o legado dessa memória que foi passada adiante pela voz do dominador. A educação formal, em seus currículos elaborados da perspectiva branca, negligenciou a narrativa da resistência, da tradição e da memória negra, produzindo um afastamento da população negra de sua própria história. O conto *Metamorfose* narra o processo de fragmentação da autoestima de uma criança negra promovida pelo discurso escolar. O conto integra a coletânea *Leite do peito*, de Geni Guimarães, publicado em 1988, ano do centenário da abolição.

> Já no momento em que entramos na classe, ela se pôs a falar sobre a data:
>
> – Hoje, comemoramos a libertação dos escravos. Escravos eram negros que vinham da África. Aqui eram forçados a trabalhar e, pelos serviços prestados, nada recebiam. Eram amarrados nos troncos e espancados, às vezes, até a morte. Quando...
>
> E foi ela discursando, por uns quinze minutos.
>
> Vi que a narrativa da professora, não batia com a que nos fizera a Vó Rosária. Aqueles escravos da Vó Rosária eram bons, simples, humanos, religiosos.
>
> Esses apresentados então eram bobos, covardes, imbecis. Não reagiam aos castigos, não se defendiam, ao menos.
>
> Quando dei por mim, a classe inteira me olhava com pena ou sarcasmo. Eu era a única pessoa dali representando uma raça digna de compaixão, desprezo.
>
> Quis sumir, evaporar, não pude.
>
> Apenas pude levantar a mão suada e trêmula, pedir para ir ao banheiro. Sentada no vaso, estiquei o dedo indicador e no ar escrevi: lazarento. Era pouco. Acrescentei: morfético. Acentuei o e do f e voltei para a classe.

> No recreio, a Sueli veio presentear-me com uma maçã e a Raquel, filha do administrador da fazenda, ofereceu-se para trocar o meu lanche de abobrinha abafada pelo dela, de presunto e mussarela.
>
> Não os comi, é claro. A compensação desvalia. Não era como o leite que, derramado, passa-se um pano sobre e pronto.
>
> Era sangue. Quem poderia devolvê-lo... Vida?
>
> Que se enxugasse o fino rio a correr mansamente. Mas como estancá-lo lá dentro, onde a ferida aberta era um silêncio todo meu, dor sem parceria? (Guimarães, 2001, p. 62-63)

O conto de Geni Guimarães indica quem são os responsáveis pelas dores e pelos traumas das pessoas negras, o que exclui o fatalismo do sofrimento naturalizado e romantizado. Esse conto ilustra com primor o conceito de escrevivência: a desilusão da criança, a forma como ela é exposta em uma sala majoritariamente branca, a solidão que ela, tão jovem, precisa enfrentar em perspectiva com a tradição escolar eurocêntrica.

O conto *Cadê o oboé, menino? Toca aí o oboé!*, que abre a edição mais recente do livro *O carro do êxito*, de Oswaldo de Camargo, é a interessante narrativa da vida de Paulinho. O menino do interior aprende a tocar oboé e passa a se apresentar em festas de pessoas da sociedade até que é apresentado à vereadora negra Madalena Pires, assim descrita: "A vereadora Madalena Pires, firme pretidão no rosto, ao vestido longo azul, juntara uma bata de tecido sedoso, cor ouro. De estatura meã, marcava-a natural elegância" (Camargo, 2021, p. 35). A elegância da senhora é associada a sua altivez e ao seu poder de mulher que exerce cargo público. Unidas a sua imagem, estão as afirmações da vereadora sobre seu interesse em fortalecer a raça negra e estabelecer imagens de beleza e poder, representadas pelos exemplares da revista *Ebony*. A surpresa do jovem instrumentista se dá porque, em vez de apenas elogiá-lo, Madalena expressa seu desejo de empoderar a juventude negra, e não de amansá-la:

> — *Esqueci o que faz diferente o som dele. Que som tem ele mesmo?*
> — *Bucólico, senhora vereadora, é o que dizem, mas está misturado com minha vida; por isso é diferente...*
> *Após alguns instantes pensativa, retomou todo segura:*
> — *Não importa. Mas é bom que você saiba; sou sincera. Pensei antes de chamar você aqui, pensei se já não seria tempo de dizer ao menino, com sinceridade, isto: tenho contra o seu oboé uma antipatia de caráter político. Você vai juntando muita gente da nossa mocidade negra como carneiros, distraindo-os com o som doce, mole, do seu oboé.*
> *"Que rumo vão tomar inspirados pelo som do seu oboé, Paulinho? Onde vão chegar levados pelo som do seu oboé, Paulinho? Onde? Pense, menino, pense"* (Camargo, 2021, p. 38)

A fala da vereadora altera a consciência de Paulinho, que não associava o som de seu instrumento à ideia de passividade. A figura da vereadora cumpre o papel da voz política que deseja despertar a consciência racial dos jovens para a ação, para a luta.

As palavras que descrevem a vereadora – "firme pretidão" – se opõem à descrição do som do oboé – "doce, mole".

Essa narrativa faz alusão ao fato de a formação política promovida por lideranças negras ser primordial para o fortalecimento das lutas coletivas; acrescenta-se a isso a possibilidade de os talentos individuais agirem em favor desse coletivo. De certa forma, essa é a história da literatura afro-brasileira, uma literatura elaborada, com frequência, no contexto da coletividade tanto nos espaços de publicação e divulgação quanto no resgate de memórias que nos aproximam e nos permitem entender a história que nos trouxe até aqui.

No âmbito das narrativas que elaboram o imaginário coletivo brasileiro, não é possível passar por esse panorama sem citar o romance *Torto arado*. Ganhador do Prêmio Leya em 2018, a obra se tornou um fenômeno no ano de 2020, alçando seu autor, Itamar Vieira Jr., à posição de grande nome da literatura brasileira. Itamar joga com a tradição literária ao mesmo tempo que insere nessa tradição elementos externos a ela, como o protagonismo negro, a experiência quilombola e os ritos do jarê, religião de matriz africana menos conhecida do que o candomblé e a umbanda, pois só é praticada na região da Chapada Diamantina.

> *Me embrenhei entre o povo que os donos da terra chamavam de trabalhador e morador. Era o mesmo povo que me carregava nas costas quando eram escravos das minas, das lavouras de cana, ou apenas os escravos de Nosso Senhor Bom Jesus. Me acolhia num corpo, acolhia em outro, quando tinha abundância de água nessas terras. Mas o diamante não nos trouxe sorte nem*

bambúrrio. O diamante trouxe a ilusão, porque, quando instalaram as dragas, os rios foram se enchendo da areia que jorrava das grutas. Os rios foram ficando sujos e rasos. Sem abastança de água para pescar já não tinham porque pedir nada a Santa Rita Pescadeira. Ah, chegou a luz elétrica, e quem pôde comprou sua geladeira. Esses peixes miúdos que restaram por aqui não matam mais a fome de ninguém. Envergonham até quem pesca.

Então, ninguém atinava a aprender as cantigas da encantada. Até ficaram surpresos quando apareci, certa vez. Me olharam e riram como se eu fosse uma assombração. Miúda roçava, mas sua paixão era pescar. Era acordar de madrugada e seguir sozinha para a beira do rio. Levava os filhos, mas quando eles foram embora, Miúda pescou sem eles. Dormia na beira do rio sem medo de onça nem de cobra. Eu era a sua encantada, que domava seu corpo sem assombro. Protegia meu cavalo. Meu cavalo que dançava atirando a rede, no meio da casa do curador Zeca Chapéu Grande. Meu cavalo não usava sapatos porque seus pés eram as minhas raízes e me firmavam na terra. Seus braços eram minhas nadadeiras e me moviam na água. Montei o meu cavalo por anos, que nem posso contar. Mas agora, sem corpo para me apossar, vago pela terra. (Vieira Jr., 2019, p. 203-205)

A história das irmãs Belonísia e Bibiana, que se inicia na infância com um acidente doméstico que provoca em uma delas a perda da língua, é marcada pela temporalidade afro-brasileira, que, em uma espiral, se expande sem perder o ponto de início. No trecho citado, a narradora é uma encantada que vive entre os moradores da localidade desde o tempo da escravidão. Esse espírito ancestral mostra o processo de esquecimento, um processo que se entrelaça com a predação das pessoas e da natureza pela exploração contínua de brancos, donos de terra e comandantes da política.

Embora tenhamos um panorama restrito, já é possível reconhecer elementos que caracterizam a literatura afro-brasileira e delineiam a tessitura de um *corpus* literário extremamente relevante para os estudos da literatura brasileira, tanto no que diz respeito às obras mais antigas quanto no que se refere à produção contemporânea.

Síntese

Neste capítulo, demonstramos que a literatura afro-brasileira cria um ponto de virada entre as imagens das pessoas negras na literatura tradicional, canônica, e as imagens positivas em que mesmo a dor é processada em um autoconhecimento que gera o reconhecimento das potencialidades e da beleza do povo negro.

Salientamos que o afastamento da população negra dos processos de produção de literatura (educação formal, edição e publicação de livros etc.) produziu, em um primeiro momento, um *corpus* de autoria negra rarefeito. Além disso, em razão do não reconhecimento de uma literatura negra por parte dos críticos e teóricos do país, os primeiros estudos sobre poesia e prosa de autoria negra foram elaborados por estrangeiros, muitos deles interessados no caráter sociológico dessa produção.

Nos últimos anos, após a implementação de políticas afirmativas, tem crescido o contingente de docentes, pesquisadoras e pesquisadores, pensadoras e pensadores dedicados à investigação das obras de autoria negra. Também tem ocorrido a expansão da autoria negra nos catálogos das editoras brasileiras. Essas mudanças possibilitam o acesso a outras perspectivas da negritude brasileira, desde as representações literárias de pessoas negras até o reconhecimento de nossas capacidades intelectuais.

No panorama da poesia e da prosa, analisamos brevemente alguns exemplos de textos que tematizam o afeto, a memória, o desejo, a ancestralidade, entre tantas outras referências conceituais e estéticas que interessam à população negra e à população brasileira como um todo. Afinal, como povo, necessitamos, urgentemente, da produção positiva de imagem, arte e conhecimento de matriz negra, com o objetivo de afastar estereótipos e discursos que reforçam o racismo sistêmico e estrutural que dá base à nossa sociedade.

Indicações culturais

IMS – Instituto Moreira Salles. *Cadernos negros – Quilombhoje (SP)*. Programa Convida. Disponível em: <https://ims.com.br/convida/cadernos-negros-quilombhoje/>. Acesso em: 23 nov. 2022.

Nesta série em dez episódios, conta-se a história de *Cadernos negros* por meio do depoimento de pessoas como Cuti, um dos idealizadores do projeto, Esmeralda Ribeiro e Márcio Barbosa, atuais organizadores, além dos autores e das autoras, veteranos e iniciantes, que integram os volumes dessa histórica publicação.

Atividades de autoavaliação

1. Assinale a alternativa que apresenta uma afirmação correta sobre a imagem das pessoas negras na cultura brasileira:
   a. A valorização dos autores negros do século XIX permitiu uma positivação na imagem de pessoas negras na cultura brasileira.
   b. A miscigenação não era valorizada, pois havia uma segregação que separava as populações negra e branca.
   c. O estímulo à miscigenação era uma proposta eugenista para o desaparecimento da raça negra na população brasileira, e esse processo se apresenta também em textos literários.
   d. O heroísmo negro foi um traço comum aos romances do Romantismo, mostrando a força física e a coragem como características positivas da escravidão.
   e. Autores brancos não incluíam personagens negros em suas obras.

2. Assinale a opção que propõe uma interpretação coerente dos versos de Esmeralda Ribeiro: "Èpàrèi, Iansã,/rainha das tempestades/há sempre a esperança/de que amanhã na minha cama/faça sol/e nos inspire uma dança."
   a. O eu lírico feminino subverte a lógica do corpo feminino objetificado e se coloca como sujeito do desejo que se revela na espiritualidade ioruba (Iansã), na natureza (faça sol) e no movimento do corpo (dança).
   b. O poema propõe uma luta, uma guerra, por meio da invocação da divindade das tempestades.

c. A hipersexualização da mulher negra está representada pela insinuação da relação sexual ("na minha cama"), reforçando estereótipos.
d. O poema é uma sátira às cantigas medievais, que exaltavam a mulher como um ser distante e inalcançável.
e. Esses versos mostram a religiosidade cristã imposta desde a colonização.

3. Quanto à história da teoria da literatura afro-brasileira, marque verdadeiro (V) ou falso (F) nas assertivas a seguir

( ) O grupo de estudiosos da literatura brasileira é formado, em sua maioria, por pessoas brancas brasileiras.

( ) Gregory Rabassa e David Brookshaw são estudiosos estrangeiros dedicados à literatura afro-brasileira.

( ) Oswaldo de Camargo, Cuti e Miriam Alves são autores de obras que discutem e analisam a literatura afro-brasileira, além de terem produzido obras literárias de relevância para nossa literatura.

( ) Conceição Evaristo sugere que as produções de autoria negra constituam um contradiscurso às produções hegemônicas.

Agora, marque alternativa que corresponde à sequência correta de preenchimento dos parênteses, de cima para baixo:

a. F-F-F-V
b. F-F-V-F
c. F-V-V-V
d. V-V-F-V
e. F-F-F-F

4. Quanto ao panorama da literatura afro-brasileira, marque verdadeiro (V) ou falso (F) nas assertivas a seguir:

( ) As antologias de contos e poemas são indispensáveis para fazer circular as produções de autoria negra.

( ) O tema do resgate do passado para a compreensão do presente é recorrente na literatura afro-brasileira.

( ) A literatura afro-brasileira elabora o entendimento da pessoa negra como ser integral, dotado de inteligência, corporeidade, espiritualidade e memória.

( ) A presença da cor da pele, da textura do cabelo, da aparência de modo geral, não é tão forte na literatura de autoria negra contemporânea como foi no início do século XX.

Agora, marque a alternativa que corresponde à sequência correta de preenchimento dos parênteses, de cima para baixo:

a. V-V-V-F
a. F-F-V-V
b. V-V-V-V
c. V-V-F-F
d. V-F-V-F

5. Marque a alternativa que não caracteriza a narrativa afro-brasileira contemporânea:

a. Presença da escrevivência.
b. Denúncia ao racismo.
c. Diálogo com a herança africana.
d. Romantização da escravidão.
e. Valorização da estética negra.

Atividades de autoaprendizagem

Questões para reflexão

1. Muitos romances e contos citados neste e em outros capítulos refletem experiências vividas ou relatadas por antepassados. Você reconhece, em sua família, narrativas que tenham relação com a negritude brasileira? Se você é uma pessoa negra, o que sabe sobre seus antepassados? Se você não é uma pessoa negra, tem parentes negros, se relaciona com pessoas negras que conhecem histórias do passado? Com base nessas histórias, reflita sobre as diferenças e semelhanças desses relatos com os textos literários que discutimos até aqui.

2. O tema do cabelo parece extremamente relevante na literatura afro-brasileira. Considerando os processos complexos que envolvem a construção da autoestima do sujeito negro, reflita sobre a importância desse tema e o impacto que a leitura dessas obras pode causar no público negro.

Atividade aplicada: prática

1. Considerando os conhecimentos obtidos ao longo da leitura deste capítulo e do livro como um todo, leia o trecho do poema *Minha mãe*, de Luiz Gama (2016), e explique como ali se reescreve a relação das pessoas negras com as características que remetem à ancestralidade africana:

Era mui bela e formosa,
Era a mais linda pretinha,
Da adusta Líbia rainha,
E no Brasil pobre escrava!
Oh, que saudades que eu tenho
Dos seus mimosos carinhos,
Quando c'os tenros filhinhos
Ela sorrindo brincava.
Éramos dois – seus cuidados,
Sonhos de sua alma bela;
Ela a palmeira singela,
Na fulva areia nascida.
Nos roliços braços de ébano.
De amor o fruto apertava,
E à nossa boca juntava
Um beijo seu, que era a vida,
(Gama, 2016, p. 166)

um	Literatura africana e afro-brasileira
dois	A literatura afro-estadunidense
três	Panorama da literatura negra nas Américas e no Caribe
quatro	Literatura de autoria negra no Brasil
cinco	A literatura e cultura afro-brasileira: literatura, cultura, negritude
seis	**Mulheres na literatura negra: autoria e representações**

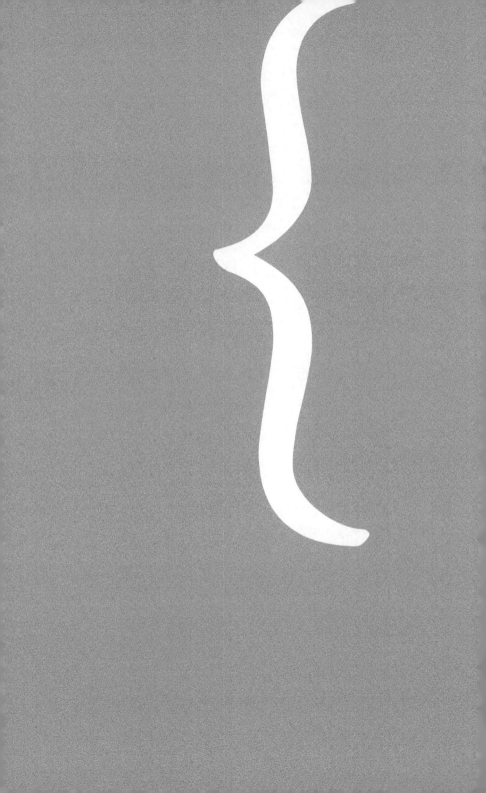

NESTE CAPÍTULO FINAL, discutiremos a presença das mulheres negras na literatura. Primeiramente, temos de esclarecer por que dedicar um capítulo às mulheres negras. A insurgência da autoria feminina negra tem se mostrado central para pensarmos as alterações no cânone nos últimos anos. Como a parcela que forma a base menos privilegiada da sociedade é representada e se autorrepresenta? Quem são as intelectuais que elaboram o pensamento feminista negro e nos ajudam a percorrer os caminhos da libertação que passam também pela literatura?

A opressão de raça, gênero e classe impediu que obras de autoria feminina negra chegassem em profusão ao público em todos os momentos de efervescência da literatura brasileira. Mesmo fenômenos como Carolina Maria de Jesus voltaram ao ostracismo após um momento raro de interesse da mídia e do público. Isso acontece porque, nesse feixe de opressões, a mulher negra é a voz menos ouvida na sociedade. Mulheres brancas, mesmo sob a égide do patriarcado, tiveram acesso à educação formal, à circulação em espaços hegemônicos de cultura e conhecimento; já mulheres negras estavam trabalhando para sustentar suas famílias, até mesmo como empregadas domésticas na casa de mulheres brancas intelectuais, acadêmicas e escritoras.

Para analisarmos esses processos de opressão, recorreremos às contribuições das pensadoras brasileiras Lélia Gonzalez (1935-1994) e Núbia Moreira e às teorias da estadunidense bell hooks.

> O nome "bell hooks" foi adotado pela estadunidense Gloria Jean Watkins (1952-2021) Esse nome foi escolhido em homenagem a sua avó e é escrito com iniciais minúsculas para enfatizar que o que ela escreve deve ter mais destaque e importância do que seu nome.

seispontoum
O feminismo negro por bell hooks, Lélia Gonzalez e Núbia Moreira

É bastante provável que você, leitor/a, tenha reparado que o nome de Lélia Gonzalez foi citado algumas vezes ao longo deste livro. Essa observação está correta porque não é possível tratar de questões raciais no Brasil sem fazer menção a essa pensadora. Um dos principais nomes do feminismo negro, Lélia elaborou, em seus ensaios, ideias que desvelam e examinam com acurácia a situação da população negra no Brasil, por meio de análises interseccionais que articulam raça, classe e gênero. O clássico ensaio *Racismo e sexismo na cultura brasileira* contém contribuições fundamentais para se entender o racismo estrutural – aquele que está em todas as camadas da sociedade e da cultura – e os aspectos do sexismo que colocam a mulher negra das posições de empregada doméstica e de mulata, tanto na vida social quanto no imaginário coletivo (Gonzalez, 2020).

A pensadora defende a formação de um feminismo afro-latino-americano, por detectar as semelhanças nas experiências de pessoas negras no contexto da América do Sul, de forma diferenciada dos Estados Unidos, que são uma potência imperialista. Lélia Gonzalez (2020, p. 147) chama atenção para a centralidade da raça na realidade histórica das amefricanas: "para nós, amefricanas do Brasil e de outros países da região – e também para as ameríndias –, a consciência da opressão ocorre antes de tudo por causa da raça". Nesse sentido, o feminismo hegemônico não deu conta das especificidades das lutas das mulheres negras. Segundo a autora, a partir dos anos 1970, surgiram associações de mulheres negras que se separaram das feministas brancas que não acolhiam demandas específicas das mulheres negras, como a questão das trabalhadoras domésticas e a reivindicação de acesso à creche para mães trabalhadoras.

A socióloga e professora universitária Núbia Moreira, em sua pesquisa de mestrado, descreve o desenvolvimento do feminismo negro no Brasil a partir de movimentações nos estados do Rio de Janeiro e de São Paulo (Moreira, 2007). Nessa pesquisa, a autora relata que as mulheres negras se afastaram inicialmente do feminismo por falta de identificação com as demandas e foram, coletivamente, buscando espaço político e elaborando a identidade de mulher negra. A autora cita, em sua pesquisa, o percurso de criação de grupos de mulheres negras, como o Nzinga, o Criola e o Geledés. Dentro desses grupos se forjaram as bases do feminismo negro brasileiro, com propostas e reivindicações políticas específicas desse grupo. Esse estudo reitera que o projeto feminista hegemônico não dá conta das questões que envolvem a realidade das mulheres negras.

Nesse sentido, a realidade das mulheres negras estadunidenses se aproxima da brasileira, como aponta bell hooks (2020, p. 200):

> *A discriminação sexista impediu mulheres brancas de assumirem o papel dominante na disseminação do imperialismo racial branco, mas não impediu mulheres brancas de absorver, apoiar e defender ideologias racistas ou agir individualmente como opressoras racistas em várias esferas da vida estadunidense.*

Como apontam as estudiosas do feminismo negro, o privilégio racial das mulheres brancas criou cisões no movimento feminista, estimulando as mulheres negras a se reunirem em defesa dos próprios interesses. Esse grupo não reivindicava, por exemplo, o direito ao trabalho, mas, sim, direitos trabalhistas e condições dignas para exercer funções que foram destinadas a essas mulheres desde a escravidão. Assim como Lélia Gonzalez, bell hooks comenta sobre as ideias naturalizadas que se prestam a aprisionar as mulheres negras no papel da servidão.

Como professora de literatura e escritora, bell hooks qualifica a escrita como forma de empoderamento para mulheres negras. Ela assinala, porém, que, para escrever, essas mulheres precisam driblar a falta de tempo, a falta de recursos financeiros, o desencorajamento e a falta de autoconfiança (hooks, 2019). A relação entre o feminismo e a escrita literária pode ser observada contemporaneamente no sucesso de autoras como a nigeriana Chimamanda Ngozi Adichie (1977-).

seispontodois
A mulher negra: espaços de resistência e inserção pela via literária

No Brasil, muitas intelectuais negras desenvolveram reflexões sobre as opressões de raça e gênero que moldaram o feminismo negro atrelando-o a reivindicações específicas. Podemos citar nomes com Antonieta de Barros, Laudelina de Campos Mello, Beatriz Nascimento, Luiza Bairros, Nilma Lino Gomes, Sueli Carneiro, Cida Bento, Jurema Werneck, Djamila Ribeiro, Carla Akotirene e muitas outras. Muitas delas reforçam a emancipação intelectual e a criação de conceitos ajustados a nossas demandas, e não uma adequação às propostas já existentes, valorizando a intelectualidade historicamente negada.

> *A insistência cultural em que as negras sejam encaradas como empregadas domésticas independentemente de nosso status no trabalho ou carreira assim como a aceitação passiva desses papéis pelas negras talvez sejam o maior fator a impedir que mais negras escolham tornar-se intelectuais. O trabalho intelectual mesmo quando julgado socialmente relevante não é visto como trabalho abnegado. Na verdade, um dos estereótipos culturais do intelectual é o de alguém em geral egocentricamente preocupado com as próprias ideias. Mesmo nas áreas onde se respeita mais o trabalho intelectual ele é mais visto na maioria das vezes como um trabalho que resulta da concentração e envolvimento em si mesmo. Embora intelectuais negros como Du Bois tenham relacionado a vida da mente com várias formas de ativismo político, eles se concentravam sobre si mesmos na busca de suas ideias. Nas conversas com acadêmicas e não acadêmicas negras sobre nossa relação com o mundo das ideias em busca de conhecimento e produção intelectual, um dos temas constantes que vinha à baila era o receio de parecer egoísta, de não fazer um trabalho tão diretamente visto como transcendendo o ego e servindo outros. Muitas negras, entre elas eu, descreviam experiências de infância em que o anseio por ler contemplar e falar sobre uma mais ampla gama de ideias era desestimulado considerado uma atividade frívola ou que, nos absorvendo com tanta intensidade, nos tornaria egoístas, frias, destituídas de sentimentos e alienadas da comunidade.* (hooks, 1995, p. 470)

A escritora, portanto, aponta a origem da noção de incompatibilidade entre a intelectualidade e o trabalho que deve ser exercido para o bem comum. Se mulheres negras são educadas para servir aos demais, trabalhando para o bem-estar alheio, seguindo estereótipos da cuidadora e da empregada doméstica, não há para elas espaço para a intelectualidade. Ao reconhecermos a intelectualidade da mulher negra, seguimos o caminho da subversão das expectativas e implodimos estereótipos. Pensando nisso, mulheres negras se dedicaram a uma vida pública pela via da intelectualidade, como jornalistas, professoras, políticas, ativistas, escritoras, algumas vezes com a combinação de duas ou mais dessas ocupações.

Carolina Maria de Jesus (1914-1977) denuncia o racismo nos espaços em que se apresenta como autora: "Eu escrevia peças e apresentava aos diretores de circos. Eles respondiam-me: – É pena você ser preta" (Jesus, 2006, p. 58). Quer dizer, a identidade racial é um elemento que chega primeiro, antes da qualidade e da relevância da obra. E mesmo quando a primeira barreira é ultrapassada e a obra é publicada, a tendência é o apagamento, o esquecimento, a diminuição da importância, como ocorreu com a própria Carolina e com suas antecessoras. Sobre esse assunto, hooks ressalta que a realidade nos Estados Unidos não é diferente:

> *Qualquer pessoa que dê cursos sobre ficção de mulheres negras sabe como é difícil encontrar os trabalhos de mulheres negras (elas saem logo do catálogo, não são reeditados, ou, se reeditados, saem em edições mais caras do que estudantes e professores de meio período, como eu, podem pagar e, com certeza, não podem ser abordados em aulas em que muitos livros têm que ser comprados).* (hooks, 2019, p. 290)

Uma das vias de inserção da mulher negra nos espaços de visibilização de pensamento e arte é a literatura, mediante, por exemplo, o aquilombamento literário na publicação de antologias e na promoção de saraus, que logram apresentar autoras novas e resgatam a memória da literatura feminina negra. A obra *Literatura feminina negra: poesias de sobre(vivência)*, organizada por Elizandra B. Souza e Iara Aparecida Moraes (2021), contém, em sua abertura, uma linha do tempo com autoras negras desde o século XIX até os dias atuais. Outra antologia que destaca a versatilidade e a tradição da literatura afro-brasileira é *Querem nos calar: poemas para serem lidos em voz alta*, organizado por Mel Duarte (2019), que se concentra na tradição oral atualizada pelo *slam* (batalha de poesia de feição urbana, que questiona os sistemas políticos de opressão). Destacamos, ainda, a antologia *Negras crônicas: escurecendo os fatos* (Oliveira, 2019), que reúne 25 cronistas do Rio de Janeiro. Essa obra foi o ponto de partida para essas escritoras com publicações individuais e estão no circuito literário representando a intelectualidade negra que resiste e se consolida na literatura.

seispontotrês
A literatura feminina negra no Brasil

A semântica da resistência perpassa a literatura negra tanto no sentido político da luta negra no Brasil quanto no sentido da luta por manutenção das obras literárias no cenário nacional. As perguntas que temos lançado ao longo deste livro – sobre as lacunas em nossa formação – podem ser respondidas em coro, pois a maioria dos leitores e das leituras (grupo em que me incluo) não estudou as obras de Maria Firmina dos Reis e Auta de Souza durante as aulas sobre Romantismo e Simbolismo no ensino médio. Não aprendemos sobre o modernismo de Ruth Guimarães nem assistimos a homenagens a seu centenário nos grandes corredores culturais do Brasil.

Ser mulher negra envolve resistir para existir, já que a tendência é desaparecer. A resistência e a autoafirmação são recorrentes. O caminho do autoconhecimento é árduo, porque é cheio de narrativas de derrota, limitação e baixa autoestima, porém a autodefinição como mulher negra é um caminho de resistência. Isso também se aplica ao resgate das mulheres que vieram antes e que são ancestrais da nossa intelectualidade.

A literatura de autoria feminina negra do Brasil segue a linhagem da tradição oral, das cantigas, dos ensinamentos das mulheres negras, africanas e descendentes, mesmo afastadas das letras. Essa tradição se revela no poema *Vozes-mulheres*, de Conceição Evaristo, citado no primeiro capítulo deste livro. Em poemas como esse, a literatura feminina negra propõe uma espécie de reparação histórica às mulheres que vieram antes e tiveram suas vozes silenciadas. Entretanto, há, na nossa tradição afro-brasileira, narrativas sobre mulheres negras do presente vivendo na contramão do ideal racista. Um exemplo disso é o romance *Mareia*, de Miriam Alves:

> Vestido preto, estilo tomara que caia, pondo à mostra o pescoço longilíneo e parte do dorso, destacando o brilho acobreado da pele, adereços discretos, colar e brincos em strass cinza, em forma de gota, compondo um visual romântico e delicado, o par de sapatos, confortável, de salto médio. Vestiu-se sem pressa, maquiou-se com esmero, valorizando o formato ovalado do rosto, o batom caramelo realçava o contorno dos lábios. Penteou-se, formando um coque que se assemelhava a uma coroa, formada pelos fios naturalmente encrespados. [...] Estava pronta para a prova de audição, numa vaga de instrumentista, cello e flauta, a que se inscrevera havia meses, na Orquestra Filarmônica Municipal. (Alves, 2019, p. 32-33)

A autora desmantela a imagem da mulher negra combinando o ofício de musicista – imagem mais intelectualizada – e a descrição de uma mulher bonita, mas não sexualizada. Uma mulher que se olha no espelho para valorizar os aspectos de sua negritude: lábios delineados, cabelos crespos. Esse tipo de procedimento impulsiona uma avanço na criação de um novo sistema de imagens de mulheres negras. No entanto, ainda é necessário empreender esforços para que essa literatura se torne tão relevante socialmente quanto a literatura produzida pelo grupo hegemônico que até aqui contribuiu para forjar imagens degradantes e estereotipadas.

Um dos caminhos para a valorização dessas obras são as pesquisas acadêmicas em nível de pós-graduação que vêm sendo desenvolvidas no Brasil. Para fechar este capítulo, citamos três delas, que foram publicadas em livro:

1. *Intelectuais negras: prosa negro-brasileira contemporânea* (2018), de Mirian Cristina dos Santos;
2. *Silêncios prescritos: estudos de romances de autoras negras brasileiras (1859-2006)* (2019), de Fernanda R. Miranda;
3. *A poesia negra-feminina de Conceição Evaristo, Lívia Natália e Tatiana Nascimento* (2020), de Heleine Fernandes de Souza.

Os estudos dessas três intelectuais negras são importantes fontes de pesquisa para quem deseja se aprofundar no tema e entender melhor os caminhos percorridos por mulheres negras nos campos acadêmico e literário.

Síntese

Neste último capítulo, demos enfoque à autoria feminina negra. Como explica bell hooks (2020), a categoria mulheres sempre definiu as brancas como universais e a categoria negro aponta o homem negro como seu representante, ficando as mulheres negras atravessadas pelas opressões de raça e gênero, sem lugar nessas categorias. A construção de um movimento de mulheres negras organizado em torno de demandas específicas desse grupo se deu na segunda metade do século XX, a partir de articulações já existentes no movimento negro e de críticas ao feminismo branco.

Na luta dessas mulheres por existir, a literatura serviu como via de acesso à expressão pública do pensamento. Ações de comunitarismo literário foram fundamentais para que as autoras negras ingressassem no circuito literário. As antologias de autoria feminina bem como os saraus e as batalhas de *slam* são exemplos de espaços de trocas da intelectualidade feminina negra. Resistir em uma lógica que exclui parte significativa da população é um lema que está marcado nas produções literárias de mulheres afro-brasileiras; no entanto, não é apenas do grito que se faz a resistência, é também na valorização das memórias e na criação de um novo sistema de imagens que desassocie as mulheres negras dos estereótipos limitadores e racistas.

Por fim, demonstramos que as produções acadêmicas também são instrumentos de resistência e de disputa por um novo cânone em que haja espaço para prosa e poesia diversa e múltipla de mulheres negras.

Indicações culturais

CONCEIÇÃO Evaristo. Direção: Daniel Augusto. Brasil, 2021. 52 min. Disponível em: <https://tamandua.tv.br/filme/?name=conceicao_evaristo>. Acesso em: 22 nov. 2022.

Neste vídeo, conhecemos melhor a vida e a obra de Conceição Evaristo, entendendo os caminhos que a levaram à literatura e à concepção do conceito de escrevivência.

Atividades de autoavaliação

1. Marque verdadeiro (V) ou falso (F) para as afirmações a respeito do feminismo negro:
( ) As mulheres negras só começaram a expressar opinião e atuar politicamente após o fortalecimento do feminismo no Brasil.

(   ) As semelhanças entre a realidade e a história de mulheres negras e brancas fizeram os dois grupos se reunirem no feminismo.
(   ) A luta pela melhoria nas condições de trabalho encampadas por mulheres negras não teve acolhimento no movimento feminista.
(   ) O feminismo afro-latino-americano é pensado por Lélia Gonzalez como uma forma de agrupar mulheres negras cujas experiências de opressão são semelhantes.

Agora, assinale a opção que corresponde à sequência correta de preenchimento dos parênteses, de cima para baixo:

a. F-F-V-V
b. V-V-F-F
c. F-V-F-V
d. V-F-V-F
e. V-V-V-V

2. Assinale a alternativa correta a respeito da presença de Carolina Maria de Jesus na literatura negra feminina:
a. Nunca publicou seus diários pelo fato de ser negra.
b. Escrevia diários sem a intenção de publicá-los.
c. Escreveu diversos gêneros literários, entre eles texto teatral, poesia e provérbios.
d. Foi impedida pelo marido de se tornar escritora.
e. Escreveu apenas um livro, encomendado pelo jornalista Audálio Dantas.

3. Ao criar protagonistas negras, as autoras negras contemporâneas:
a. reforçam estereótipos de gênero.
b. reforçam estereótipos raciais.
c. aumentam o repertório de situações de violência.
d. constroem um novo sistema de imagens da mulher negra.
e. praticam exclusão contra mulheres brancas.

Para responder às questões 4 e 5, leia um trecho do conto *Olhos d'água*, de Conceição Evaristo:

Uma noite, há anos, acordei bruscamente e uma estranha pergunta explodiu de minha boca. De que cor eram os olhos de minha mãe? [...] Lembro-me de que muitas vezes, quando a mãe cozinhava, da panela subia cheiro algum. Era como se cozinhasse ali, apenas o nosso desesperado desejo de alimento. As labaredas, sob a água solitária que fervia na panela cheia de fome, pareciam debochar do vazio do nosso estômago [...] E era justamente nos dias de parco ou nenhum alimento que ela mais brincava com as filhas. Nessas ocasiões a brincadeira preferida era aquela em que a mãe era a Senhora, a Rainha. [...] Nós, princesas, em volta dela, cantávamos, dançávamos, sorríamos. A mãe só ria, de uma maneira triste e com um sorriso molhado... Mas de que cor eram os olhos de minha mãe? Eu sabia, desde aquela época, que a mãe inventava esse e outros jogos para distrair a nossa fome. E a nossa fome se distraía. (Evaristo, 2014, p. 15-19)

4. A narradora de *Olhos d'água* acorda bruscamente com um pensamento em mente: ela quer lembrar a cor dos olhos da mãe. Com essa angústia se desperta(m):
   a. sentimentos de raiva e angústia por ter sido abandonada.
   b. memórias da infância pobre, mas repleta de amor.
   c. dúvida sobre o paradeiro da mãe e das irmãs.
   d. lembrança de uma lenda afro-brasileira.
   e. medo da morte.

5. A repetição da pergunta "de que cor eram os olhos da minha mãe" gera o seguinte efeito de sentido:
   a. Percebe-se que a narradora perdeu a memória por ser idosa.
   b. Há uma repetição exagerada típica da literatura pós-moderna.
   c. Mostra que cada cena da infância rememorada é uma tentativa de lembrar a cor dos olhos da mãe.
   d. É uma espécie de cantiga.
   e. É uma pergunta que a narradora faz a cada personagem com quem interage.

Atividades de autoaprendizagem

Atividade aplicada: prática

Leia o trecho do conto "A escrava", de Maria Firmina dos Reis:

> *Aqui ela interrompeu-se; agitou-lhe os membros um tremor convulso. A morte fazia os seus progressos. De novo cheguei-lhe aos lábios a colher do calmante, que lhe aplicava, e pedi-lhe, não revocasse lembranças dolorosas que a podiam matar.*

– Ah! Minha senhora, começou de novo, mais reanimada – apadrinhe Gabriel, meu filho, ou esconda-o no fundo da terra; – olhe se ele for preso, morrerá debaixo do açoite, como tantos outros, que meu senhor tem feito expirar debaixo do azorrague! Meu filho acabará assim.

– Não, não há de acabar assim, – descansa. Teu filho está sob minha proteção, e qualquer que seja a atitude que possa assumir esse homem, que é teu senhor, Gabriel não voltará mais ao seu poder.

Ela recolheu-se por algum tempo, depois tomando-me as mãos, beijou-as com reconhecimento.

– Ah! Se pudesse, nesta hora extrema ver meus pobres filhos, Carlos e Urbano!... Nunca mais os verei!

Tinham oito anos.

Um homem apeou-se à porta do Engenho, onde juntos trabalhavam meus pobres filhos – era um traficante de carne humana. Ente abjeto, e sem coração! Homem a quem as lágrimas de uma mãe não podem comover, nem comovem os soluços do inocente.

Esse homem trocou ligeiras palavras com meu senhor, e saiu.

Eu tinha o coração opresso pressentia uma nova desgraça.

A hora permitida ao descanso, concheguei a mim meus pobres filhos, extenuados de cansaço, que logo adormeceram. Ouvi ao longe rumor, como de homens que conversavam. Alonguei os ouvidos; as vozes se aproximavam. Em breve reconheci a voz do senhor. Senti palpitar desordenadamente meu coração;

lembrei-me do traficante... Corri para meus filhos, que dormiam, apertei-os ao coração. Então senti um zumbido nos ouvidos, fugiu-me a luz dos olhos e creio que perdi os sentidos.

(Reis, 2004, p. 255-256)

1. Reflita sobre a importância do relato da escravizada Joana.

2. Reflita sobre como a literatura negra proporciona uma reescrita do passado, restituindo a voz às pessoas silenciadas.

Atividade aplicada: prática

1. Para finalizar as práticas propostas neste livro, pratique a leitura crítica e a escrita elaborando um texto em que articule o conto "A escrava" à resistência das mulheres negras por meio da autoexpressão.

{

considerações finais

❰ CHEGAMOS AO FIM desta abordagem sobre literatura de autoria negra. Esperamos que ela lhe instigue, leitor/a, a alçar novos voos para conhecer mais autores e autoras e buscar obras de outros países além do Brasil e dos Estados Unidos.

Entendemos que uma qualidade deste escrito é o fato de intentarmos alinhavar os diálogos literários na diáspora. Reconhecer as aproximações entre as obras elaboradas por pessoas negras em diferentes pontos do mundo, de modo a analisar o que diferencia e torna cada uma dessas expressões únicas e originais, possibilita a valorização da autoria negra como um espaço de potência, e não somente de lamento e denúncia.

Ao longo deste livro, ressaltamos que a luta pela liberdade forjou nossas expressões artísticas, desde os relatos de escravizados no século XIX, passando pela poesia politizada dos países africanos em guerra pela descolonização, chegando aos romances históricos que valorizam a memória de nossas ancestrais até a afirmação positiva da negritude.

No Capítulo 1, abordamos essas primeiras expressões, ainda no período escravista, nas literaturas africanas de língua portuguesa no período colonial e nas lutas por libertação. Refletimos sobre as diferenças entre as representações tradicionais da literatura canônica e a autoapresentação de pessoas negras em suas próprias expressões literárias. Percebemos que, desde as primeiras oportunidades de expressão, houve, por parte de escritores/as negros/as, o desejo de romper com as imagens estereotipadas e vitimizadas de si e de seu povo. Discutimos, ainda, sobre a importância da oralidade como matriz da produção literária negra.

No Capítulo 2, voltamos nossa atenção a essas produções pioneiras nas Américas: os relatos de escravizados produzidos nos Estados Unidos decorrentes de ações em favor da abolição da escravatura. Obras como a de Frederick Douglass se tornaram emblemáticas ao mostrar ao público tanto a capacidade intelectual de pessoas negras quanto as mazelas da escravidão, com o objetivo de ganhar mais adeptos para a causa abolicionista. No início do século XX, nos Estados Unidos, era notório o empenho em pôr em evidência a intelectualidade negra em sua maior potência com o Renascimento do Harlem. Esse movimento multidisciplinar e multiartístico aconteceu durante a década de 1920 e apresentou grandes nomes da literatura ao público, inspirando autores e autoras como James Baldwin e Alice Walker. Nas décadas seguintes, os movimentos pelos direitos civis e a luta do movimento negro continuaram influenciando as produções negras estadunidenses.

Desenvolvemos o conceito de diáspora de modo mais detalhado no Capítulo 3, com as contribuições de Kim Butler, Paul Gilroy e Stuart Hall. Discutimos também a dupla consciência do sujeito negro, o aspecto dual da experiência em busca da identidade negra em um contexto no qual a alteridade branca, eurocêntrica, colonial, orienta a vida. Nesse capítulo, identificamos algumas das marcas da herança cultural africana nas expressões artísticas das Américas e do Caribe; com isso, situamos os pontos de contato entre essas literaturas, considerando, principalmente, as narrativas das ancestrais produzidas também no Brasil.

Os Capítulos 4 e 5 foram dedicados à literatura brasileira de autoria negra. No primeiro deles, delineamos conceitos de cânone e as possibilidades de elaboração de um cânone negro que contemple a autoria negra na literatura, bem como na teoria e na crítica literárias. No capítulo posterior, empreendemos uma experiência mais prática de observação e interpretação de textos, observando as principais vertentes e temáticas da literatura afro-brasileira. Explicitamos, dessa forma, que a literatura de autoria negra integra a literatura brasileira, uma vez que ela revela estéticas, sentidos e vivências de uma parte significativa da população deste país.

Por fim, no Capítulo 6, elegemos como tema central a presença da mulher negra na literatura por meio de elaborações de feministas negras, entendendo a literatura como espaço de resistência. Salientamos, com as contribuições de Lélia Gonzalez, bell hooks, Núbia Moreira e outras feministas negras, que a expressão da mulher negra pela palavra, pela literatura, é um ato de empoderamento, é o estilhaçamento da máscara que nos cala, como diz Conceição Evaristo.

Terminamos essas considerações com a certeza de que cada pessoa que chegou ao final deste livro seguirá em busca de obras de autoria negra e se surpreenderá com o volume de trabalho elaborado até hoje e com a diversidade de temas e estilos que encontrará. Nossos grandes nomes, baluartes da literatura brasileira, como Machado de Assis, Carolina Maria de Jesus e Conceição Evaristo, compõem um grande grupo diverso que deve estar em todas as bibliotecas, residências e salas de aula do Brasil. Não é possível formar leitoras e leitores ignorando as discussões desenvolvidas e ampliadas pela autoria negra e a riqueza artística e cultural produzida por uma parcela muito significativa de nossa população.

referências

AGUESSY, H. Visões e concepções tradicionais. In: SOW, A. I et al. Introdução à cultura africana. Lisboa: Edições 70, 1980. p. 95-136.

ALMEIDA, S. L. de. O que é racismo estrutural? Belo Horizonte: Letramento, 2018.

ALVES, M. BrasilAfro autorrevelado: literatura brasileira contemporânea. Belo Horizonte: Nandyala, 2010.

ALVES, M. Mareia. Rio de Janeiro: Malê, 2019.

ANDREWS, G. R. América afro-latina: 1800-2000. Tradução de Magda Lopes. São Carlos: Ed. UFSCar, 2014.

ANGELOU, M. Eu sei por que o pássaro canta na gaiola. Tradução de Regiane Winarrski. Bauru: Astral Cultural, 2018.

ARRAES, J. (Org.). Poetas negras brasileiras: uma antologia. São Paulo: Cultura, 2021.

AZEVEDO, A. O cortiço. São Paulo: Ática, 1995.

AZEVEDO, L. M. Estética e raça: ensaio sobre a literatura negra. Porto Alegre: Sulina, 2021.

BALDWIN, J. Notas de um filho nativo. Tradução de Paulo Henriques Britto. São Paulo: Companhia das Letras, 2020.

BARRETO, L. Clara dos Anjos. Belo Horizonte: Autêntica, 2020.

BARRETO, L. O pecado. Rio de Janeiro: [s.n.], 1924. Disponível em: <http://www.dominiopublico.gov.br/download/texto/ua000167.pdf>. Acesso em: 23 nov. 2022.

BARROS, S. Eu mesma. Ainda posso falar. Afluente: Revista de Letras e Linguística, v. 3, n. 8, p. 82-91, 2018. Disponível em: <https://periodicoseletronicos.ufma.br/index.php/afluente/article/view/9849/5802>. Acesso em: 23 nov. 2022.

BASTIDE, R. A Poesia afro-brasileira. São Paulo: Livraria Martins, 1943.

BOSI, A. História concisa da literatura brasileira. São Paulo: Cultrix, 2004.

BRASIL. Lei n. 10.639, de 9 de janeiro de 2003. Diário Oficial da União, Poder Legislativo, Brasília, DF, 10 jan. 2003. Disponível em: <https://www.planalto.gov.br/ccivil_03/leis/2003/l10.639.htm>. Acesso em: 23 nov. 2022.

BROOKSHAW, D. Raça e cor na literatura brasileira. Porto Alegre: Mercado Aberto, 1983.

BUTLER, K. D.; DOMINGUES, P. Diásporas imaginadas: Atlântico negro e histórias afro-brasileiras. São Paulo: Perspectiva, 2020.

BUTLER, O. E. Filhos de sangue e outras histórias. Tradução de Heci Regina Candiani. São Paulo: Morro Branco, 2020.

CAMARGO, O. O carro do êxito: contos. São Paulo: Companhia das Letras, 2021.

CAMARGO, O. O negro escrito: apontamentos sobre a presença do negro na Literatura Brasileira. São Paulo: Secretaria de Estado da Cultura; Imesp, 1987.

CÂNDIDO, A.; CASTELLO, J. A. Presença da literatura brasileira: história e antologia – das origens ao realismo. Rio de Janeiro: Bertrand Brasil, 2008.

CÂNDIDO, A.; CASTELLO, J. A. Presença da literatura brasileira: história e antologia — modernismo. São Paulo: Difusão Europeia do Livro, 1964.

CÁRDENAS, T. Cartas para a minha mãe. Tradução de Eliana Aguiar. Rio de Janeiro: Pallas, 2010.

CARRASCOSA, D. Pós-colonialidade, pós-escravismo, bioficção e con(tra)temporaneidade. Estudos de Literatura Brasileira Contemporânea, n. 44, p. 105-124, jul./dez. 2014. Disponível em: <https://www.scielo.br/j/elbc/a/38LXRgwpC6knrJpMSBNzMXK/?format=pdf&lang=pt>. Acesso em: 21 nov. 2022.

CARTA CAPITAL. Conceição Evaristo: "Nossa fala estilhaça a máscara do silêncio". Carta Capital, 13 maio 2017. Disponível em: <https://www.cartacapital.com.br/sociedade/conceicao-evaristo-201c nossa-fala-estilhaca-a-mascara-do-silencio201d>. Acesso em: 11 ago. 2022.

CONDÉ, M. Eu, Tituba: bruxa negra de Salem. Tradução de Natalia Borges Polesso. Rio de Janeiro: Rosa dos Tempos, 2020.

CRUZ, E. A. Água de barrela. Rio de Janeiro: Malê, 2018.

CUTI. Literatura negro-brasileira. São Paulo: Selo Negro, 2010.

DALCASTAGNÈ, R. Literatura brasileira contemporânea: um território contestado. Vinhedo: Horizonte, 2012.

DEUS, L. P. S. e; CARVALHO, W. M. A literatura da Guiné-Bissau. Literafro, 13 ago. 2021. Disponível em: <http://www.letras.ufmg.br/literafro/literafricas/literatura-da-guine-bissau/1574-lilian-paula-serra-e-deus-wellington-marcal-de-carvalho-a-literatura-da-guine-bissau>. Acesso em: 17 nov. 2022.

DOUGLASS, F. Narrativa da vida de Frederick Douglass: e outros textos. Tradução de Odorico Leal. São Paulo: Penguin; Companhia das Letras, 2021.

DU BOIS, W. E. B. As almas do povo negro. Tradução de Alexandre Boide. São Paulo: Veneta, 2021.

DU BOIS, W. E. B. O cometa. Tradução de André Capilé. São Paulo: Fósforo, 2021.

DUARTE, M. (Org.). Querem nos calar: poemas para serem lidos em voz alta. São Paulo: Planeta do Brasil, 2019.

DUARTE. E. de A. (Coord.). Literatura afro-brasileira: 100 autores do século XVIII ao XX. Rio de Janeiro: Pallas, 2014.

DUARTE. E. de A.; FONSECA, M. N. S. (Org.). Literatura e afrodescendência no Brasil: antologia crítica. Belo Horizonte: Ed. da UFMG, 2011.

EGA, F. Cartas a uma negra. Tradução de Vinícius Carneiro e Mathilde Moaty. São Paulo, Todavia. 2021.

ELLISON, R. Homem invisível. Tradução de Mauro Gama. Rio de Janeiro: José Olympio, 2021.

EVARISTO, C. Conceição Evaristo: "Nossa fala estilhaça a máscara do silêncio". Carta Capital, 13 maio 2017a. Entrevista. Disponível em: <https://www.cartacapital.com.br/sociedade/conceicao-evaristo-201cnossa-fala-estilhaca-a-mascara-do-silencio201d>. Acesso em: 21 nov. 2022.

EVARISTO, C. Da representação à autoapresentação da Mulher Negra na Literatura Brasileira. Revista Palmares, v. 1, n. 1, p. 52-57, 2005. Disponível em: <https://www.palmares.gov.br/sites/000/2/download/52%20a%2057.pdf>. Acesso em: 16 nov. 2022.

EVARISTO, C. Olhos d'água. Rio de Janeiro: Pallas: Fundação Biblioteca Nacional, 2014.

EVARISTO, C. Poemas de recordação e outros movimentos. Rio de Janeiro: Malê, 2017b.

FANON, F. Pele negra, máscaras brancas. Tradução de Renato da Silveira. Salvador: EDUFBA, 2008.

FAUSET, J. R. Auriflama. Tradução de Ricardo Escudeiro. In: DOIS POEMAS de Jessie Redmon Fauset. Arribação, 27 ago. 2020. Disponível em: <https://arribacao.com.br/2020/08/27/dois-poemas-de-jessie-redmon-fauset-traducao-de-ricardo-escudeiro/>. Acesso em: 18 nov. 2022.

FERREIRA, L. F. (Org.). Lições de resistência: artigos de Luiz Gama na imprensa de São Paulo e do Rio de Janeiro. São Paulo: Sesc, 2020.

GAMA, L. Carta a Lúcio de Mendonça. In: FERREIRA, L. F. (Org.). Lições de resistência: artigos de Luiz Gama na imprensa de São Paulo e do Rio de Janeiro. São Paulo: Sesc, 2020.

GAMA, L. Trovas burlescas. São Paulo: Sesi, 2016.

GILROY, P. O Atlântico negro: modernidade e dupla consciência. Tradução de Cid Knipel Moreira. São Paulo: Editora 34; Rio de Janeiro: Universidade Candido Mendes; Centro de Estudos Afro-Asiáticos, 2012.

GOMES, F. dos S.; LAURIANO, J.; SCHWARCZ, L. M. Enciclopédia negra. São Paulo: Companhia das Letras, 2021.

GOMES, H. T. A literatura afro-americana: seus dilemas, suas realizações. Revista Brasileira de Literatura, Niterói, 1999. Disponível em: <https://lfilipe.tripod.com/ingles/heloisa.htm>. Acesso em: 17 nov. 2022.

GONÇALVES, A. M. Um defeito de cor. Rio de Janeiro: Record, 2014.

GONZALEZ, L. Por um feminismo afro-latino-americano: ensaios, intervenções e diálogos. Organização de Flavia Rios e Márcia Lima. Rio de Janeiro: J. Zahar, 2020.

GUIMARÃES, G. Leite do peito: contos. Belo Horizonte: Mazza Edições, 2001.

HALL, S. Da diáspora: identidades e mediações. Belo Horizonte: Ed. da UFMG, 2002.

HAMILTON, N. D. Feminismos e literatura contemporânea: Toni Morrison e outras escritoras feministas negras. Vinhedo: Horizonte, 2020.

HARTMAN, S. O fim da supremacia branca. In: DU BOIS, W. E. B. O cometa. Tradução de Cecília Floresta. São Paulo: Fósforo, 2021. p. 45-81.

HAMPATÉ BÂ, A. A tradição viva. In: KI-ZERBO, J. (Ed.). Metodologia e pré-história da África. Brasília: Unesco, 2010. (História geral da África, I). p. 167-212.

HOOKS, B. E eu não sou uma mulher?: mulheres negras e feminismo. Tradução de Bhuvi Libanio. Rio de Janeiro: Rosa dos Tempos, 2020.

HOOKS, B. Erguer a voz: pensar como feminista, pensar como negra. Tradução de Cátia Bocaiuva Maringolo. São Paulo: Elefante, 2019.

HOOKS, B. Intelectuais negras. Estudos Feministas, ano 3, n. 2, 1995. Disponível em: <https://www.geledes.org.br/wp-content/uploads/2014/10/16465-50747-1-PB.pdf>. Acesso em: 22 nov. 2022.

HUGHES, L. Eu também sou América. Tradução de Sylvio Back. Folha de S.Paulo. 9 nov. 2008. Caderno Mais! Disponível em: <https://www1.folha.uol.com.br/fsp/mais/fs0911200802.htm>. Acesso em: 18 nov. 2022.

HURSTON, Z. N. Seus olhos viam Deus. Tradução de Marcos Santarrita. Rio de Janeiro: Record, 2002.

JESUS, C. M. de. Quarto de despejo. São Paulo: Ática, 2006.

JOHNSON, J. W. The Book of American Negro Poetry. Cape Town: Okitoks Press, 2018.

JORDAN, J. Somente nossos corações vão bater bravamente. Tradução de Fernanda Bastos. Porto Alegre: Figura de Linguagem, 2020.

KILOMBA, G. **Memórias da plantação: episódios de racismo cotidiano.** Tradução de Jess Oliveira. Rio de Janeiro: Cobogó, 2019.

KINCAID, J. **A autobiografia da minha mãe.** Tradução de Débora Landsberg. Rio de Janeiro: Alfaguara: 2020.

KINCAID, J. **Agora veja então.** Tradução de Cecília Floresta. Rio de Janeiro: Alfaguara, 2021.

LARSEN, N. **Identidade.** Tradução de Rogerio W. Galindo. Rio de Janeiro: Harper Collins, 2020.

LOPES, N. **Dicionário literário afro-brasileiro.** Rio de Janeiro: Pallas, 2011a.

LOPES, N. **Enciclopédia brasileira da diáspora africana.** São Paulo: Selo Negro, 2011b.

MANZANO, J. F. **A autobiografia do poeta-escravo.** Organização e tradução de Alex Castro. Prefácio de Ricardo Salles. São Paulo: Hedra, 2015.

MARQUES, S. D. Revista "Claridade": o "fincar os pés na terra" caboverdiano. **Garrafa**, v. 17, n. 50, out.-dez. 2019, p. 247-272. Disponível em: <https://revistas.ufrj.br/index.php/garrafa/article/view/30953>. Acesso em: 17 nov. 2022.

MARTINS, L. M. **Performances do tempo espiralar do corpo-tela.** Rio de Janeiro: Cobogó, 2021.

MIRANDA, F. R. **Silêncios prescritos: estudos de romances de autoras negras.** Rio de Janeiro: Malê, 2019.

MOREIRA, A. **Racismo recreativo.** São Paulo: Jandaíra, 2020.

MOREIRA, N. **O feminismo negro brasileiro: um estudo do movimento de mulheres negras no Rio de Janeiro e São Paulo.** Dissertação (Mestrado em Sociologia) – Instituto de Filosofia e Ciências Humanas, Universidade Estadual de Campinas, Campinas, 2007.

MORRISON, T. **A fonte da autoestima**: ensaios, discursos e reflexões. Tradução de Odorico Leal. São Paulo: Companhia das Letras, 2020.

MORRISON, T. **A origem dos outros**: seis ensaios sobre racismo e literatura. Tradução de Fernanda Abreu. São Paulo: Companhia das Letras, 2019a.

MORRISON, T. **Amada**. Tradução de José Rubens Siqueira. São Paulo: Companhia das Letras, 2007.

MORRISON, T. **O olho mais azul**. Tradução de Manoel Paulo Ferreira. São Paulo: Companhia das Letras, 2019b.

MORRISON, T. **Sula**. Tradução de Débora Landsberg. São Paulo: Companhia das Letras, 2021.

MUNANGA, K. **Negritude**: usos e sentidos. Belo Horizonte: Autêntica, 2020.

NATÁLIA, L. Intelectuais escreviventes: enegrecendo os estudos literários. In: DUARTE, C. L.; NUNES, I. R. (Org.). **Escrevivência**: a escrita de nós: reflexões sobre a obra de Conceição Evaristo. Rio de Janeiro: Mina Comunicação e Arte, 2020.

OLIVEIRA, C. (Org.). **Negras crônicas**: escurecendo os fatos. Rio de Janeiro: Villardo, 2019.

PEREIRA, E. de A. **Malungos na escola**: questões sobre cultura afrodescendente e educação. São Paulo: Paulinas, 2007.

PEREIRA, E. de A. Territórios cruzados: relações entre cânone literário e literatura negra e/ou afro-brasileira. **Literafro**, 25 fev. 2022. Disponível em: <http://www.letras.ufmg.br/literafro/artigos/artigos-teorico-conceituais/1035-territorios-cruzados-relacoes-entre-canone-literario-e-literatura-negra-e-ou-afro-brasileira1>. Acesso em: 23 nov. 2022.

PRATES, L. **Um corpo negro**. 4. ed. São Paulo: Nossa editora, 2022.

PROENÇA FILHO, D. A trajetória do negro na literatura brasileira. **Estudos Avançados**, São Paulo, v. 18, n. 50, 2004. Disponível em: <https://www.revistas.usp.br/eav/article/view/9980/11552>. Acesso em: 16 nov. 2022.

QUEIROZ, A. O. Cantares de São Tomé e Príncipe: a militante poesia de Maria Manuela Margarido e Alda Espírito Santo. **Contexto**, Vitória, n. 25, 2014, p. 7-19. Disponível em: <https://periodicos.ufes.br/contexto/article/view/8682>. Acesso em: 17 nov. 2022.

REIS, M. F. dos. Úrsula: a escrava. Florianópolis: Mulheres; Belo Horizonte: Ed. da PUC-Minas, 2004.

RIBEIRO, E. Temperatura do amor. In: RIBEIRO, E.; BARBOSA, M. (Org.). **Cadernos negros**: poemas afro-brasileiros. Quilombhoje, 2018. v. 41, p. 105-106.

ROSA, A. da. **Pedagoginga**: autonomia e mocambagem. São Paulo: Pólen, 2019.

SALES, C. S. Literatura negra caribenha, descolonização do cânone literário e crítica decolonial. **Revista Debates Insubmissos**, Caruaru, ano 4, v. 4, n. 15, p. 11-40, 2021. Disponível em: <https://periodicos.ufpe.br/revistas/debatesinsubmissos/article/view/249827/40393>. Acesso em: 21 nov. 2022.

SANTOS, D. L. Notas para pensar a intelectualidade dos autores afro-latinos: a discursividade iorubá e banta de Abdias do Nascimento e Manuel Zapata Olivella. **Meridional Revista Chilena de Estudios Latinoamericanos**, n. 4, p. 115-142, 2015. Disponível em: <https://dialnet.unirioja.es/descarga/articulo/6066755.pdf>. Acesso em: 23 nov. 2022.

SANTOS, M. C. **Intelectuais negras**: prosa negro-brasileira contemporânea. Rio de Janeiro: Malê, 2018.

SALLES, R. Prefácio In. MANZANO, J. F. A autobiografia do poeta-escravo. Organização e tradução de Alex Castro. São Paulo: Hedra, 2015.

SECCO, C. L. T. R. (Org.). Apostila de poesia das cinco literaturas africanas em língua portuguesa: Angola, Cabo Verde, Guiné-Bissau, Moçambique e São Tomé e Príncipe. Faculdade de Letras – UFRJ, 2003.

SMITH, D. Não diga que estamos mortos. Tradução de André Capilé. Rio de Janeiro: Bazar do Tempo, 2020.

SOBRAL, C. Só por hoje vou deixar meu cabelo em paz. Brasília: Teixeira, 2014.

SOUSA, N. Sangue negro. São Paulo: Kapulana, 2016.

SOUZA, E. B. de; MORAES, I. A. de (Org.). Literatura negra feminina: poesias de sobre(vivência). São Paulo: Mjiba, 2021.

SOUZA, F. da S. Afrodescendência em cadernos negros e jornal do MNU. Belo Horizonte: Autêntica, 2006.

SOUZA, H. F. A poesia negra-feminina de Conceição Evaristo, Lívia Natália e Tatiana Nascimento. Rio de Janeiro: Malê. 2020.

TELLES, L. F. Antes do baile verde. In: OS CONTOS. São Paulo: Companhia das Letras, 2018.

THOMPSON, R. F. Flash of the spirit: arte e filosofia africana e afro-americana. Tradução de Tuca Magalhães. São Paulo: Museu AfroBrasil, 2011.

TRUTH, S. Eu não sou uma mulher?: e outros discursos. Organização de Jaqueline Gomes de Jesus. Belo Horizonte: Nandyala, 2019.

VIEIRa JR., I. Torto arado. São Paulo: Todavia, 2019.

WALKER, A. A cor púrpura. Tradução de Betúlia Machado, Maria José Silveira e Peg Bodelson. Rio de Janeiro: José Olympio, 2019.

WALKER, A. A terceira vida de Grange Copeland. Tradução de Carolina Simmer e Marina Vargas. Rio de Janeiro: J. Olympio, 2020.

WALKER, A. Em busca dos jardins de nossas mães: prosa mulherista. Tradução de Stephanie Borges. Rio de Janeiro: Bazar do Tempo, 2021.

XAVIER, G. História social da beleza negra. Rio de Janeiro: Rosa dos Tempos, 2021.

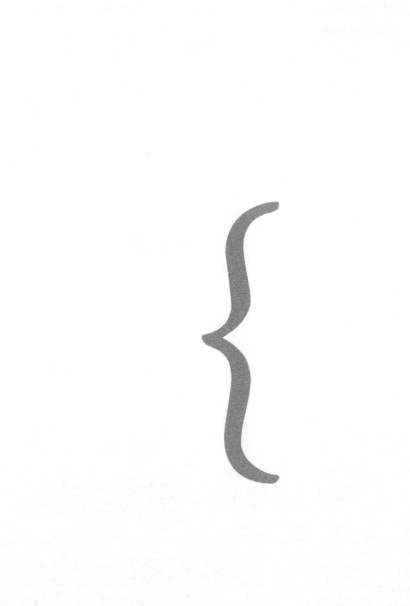

bibliografia comentada

CUTI. **Literatura negro-brasileira.** São Paulo: Selo Negro, 2010.

Esta obra conceitua a literatura negro-brasileira com argumentos que defendem o uso desse termo, e não de literatura afro-brasileira. A marca racial, para o autor, faz enorme diferença, pois trata-se de obras elaboradas com base em uma vivência específica de negros e negras do Brasil. Há ainda a análise da tradição literária brasileira, que tende a apagar o sujeito negro, seja pelo embranquecimento, seja pelo desaparecimento.

DUARTE. E. de A. (Coord.). **Literatura afro-brasileira:** 100 autores do século XVIII ao XX. Rio de Janeiro: Pallas, 2014.

O livro, coordenado por Eduardo Assis Duarte e escrito por 14 integrantes do grupo de pesquisa liderado pelo professor, reúne 100 verbetes com nomes de autores negros e negras desde o século XVIII até o século XX. A consulta e a leitura desse material permitem expandir conhecimentos sobre autoria negra, tendo contato com a biografia e a bibliografia de tais escritores/as.

GONZALEZ, L. **Por um feminismo afro-latino-americano:** ensaios, intervenções e diálogos. Organização de Flavia Rios e Márcia Lima. Rio de Janeiro: J. Zahar, 2020.

Esta coletânea de textos apresenta o pensamento da filósofa, antropóloga, pensadora e militante do movimento negro Lélia Gonzalez. A obra contém ensaios fundamentais para a compreensão da negritude brasileira, especialmente da condição da mulher negra como base da pirâmide social. Os textos Racismo e sexismo na cultura brasileira *e* A categoria político-cultural da amefricanidade *fazem parte da obra.*

MIRANDA, F. R. **Silêncios prescritos:** estudos de romances de autoras negras. Rio de Janeiro: Malê, 2019.

Esse escrito de Fernanda Miranda, fruto de sua pesquisa de doutoramento, trata da investigação do corpus de romances brasileiros de autoria feminina negra. Em um período de quase 150 anos (de 1859 a 2006), a autora encontra apenas oito romances escritos por mulheres negras. Além de analisar cada um desses romances, Fernanda Miranda tece considerações sobre os conceitos de literatura negra e discute o sistema de hierarquização racial que promoveu apagamentos e silenciamentos.

WALKER, A. **Em busca dos jardins de nossas mães:** prosa mulherista. Tradução de Stephanie Borges. Rio de Janeiro: Bazar do Tempo, 2021.

Na coletânea de ensaios, a romancista e poeta Alice Walker dialoga com a tradição da literatura negra estadunidense e com sua própria trajetória como pesquisadora e escritora. O resgate da vida e da obra de Zora Neale Hurston aparece em alguns dos textos, mostrando como o trabalho de intelectuais negras é também um trabalho de resgate da ancestralidade literária. Além disso, Walker discute a herança artística deixada por mulheres negras para além da escrita literária, constatando nossa tradição de resistência e transgressão pela arte e pela linguagem.

respostas

um

Atividades de autoavaliação

1. a

2. a

3. c

4. e

5. b

Atividades de autoaprendizagem

Questões para reflexão

1. É necessário reconhecer o preconceito racial subjacente à noção de volubilidade da mulher mestiça/mulata. Além disso, deve-se perceber a hipersexualização da mulher negra contida na frase "metia-se com outros, é certo", dando a entender que, para essa mulher, é impossível conter os

instintos sexuais. Por fim, é possível depreender a naturalização da violência contra a mulher.

2. É importante, nesta reflexão, salientar que houve avanços nas representações midiáticas, literárias e culturais da mulher negra. No entanto, ainda há reforço de estereótipos, como a naturalização da mulher negra "guerreira", que vence todas as batalhas para garantir o sustento de sua família.

dois

Atividades de autoavaliação

1. c
2. a
3. d
4. a
5. a

Atividades de autoaprendizagem

Questões para reflexão

1. Nesse trecho, fica evidente que Celie é vítima de violência doméstica praticada por seu pai e que ela presenciou a violência sofrida por sua mãe. É relatado que todos os seus atos são vigiados pelo pai e que sua relação com os homens é de medo.

2. A relação de Celie com as mulheres se estabelece no contraste de sua relação com os homens. Celie não tem medo das mulheres; por isso, consegue olhar para elas. Além disso, a personagem mostra compreensão em relação a sua mãe, por reconhecer nela a mesma condição de vítima que vê em si mesma.

três

Atividades de autoavaliação

1. a
2. a
3. c
4. b
5. e

Atividades de autoaprendizagem

Questões para reflexão

1. Martírio e violência *versus* semblante macio, rosto suave, tranquilo, paz.
2. As descrições de Anastácia se afastam da imagem da raiva ou da submissão; combinam a luta por liberdade e dignidade à tranquilidade e à paz.

quatro

Atividades de autoavaliação

1. c
2. a
3. c
4. b
5. e

Atividades de autoaprendizagem

Questões para reflexão

1. A ironia no conto mobiliza os valores cristãos que são colocados em xeque diante da presença de pessoas negras.
2. O título revela que, para pessoas negras, sua característica física e herança racial é o maior dos pecados, anulando a honestidade e as boas ações que tenham realizado em vida.

cinco

Atividades de autoavaliação

1. c
2. a
3. c
4. a
5. d

Atividades de autoaprendizagem

Questões para reflexão

1. O eu-poético descreve sua mãe valendo-se de termos e expressões que subvertem a lógica dos estereótipos atribuídos às mulheres negras, tais como "mui bela e formosa", "a mais linda pretinha". "mimosos carinhos", "sua alma bela".

seis

Atividades de autoavaliação

1. a
2. c
3. d
4. b
5. c

Atividades de autoaprendizagem

Questões para reflexão

1. Foi preciso uma escritora negra criar suas próprias narrativas para que conhecêssemos personagens como Joana, uma mulher negra escravizada que, mesmo estando próximo à morte, é capaz de contar sua história, expressar seu amor pelos filhos e seu terror por toda a experiência violenta da escravidão.

2. Ao lermos a passagem em que Joana conta sua história, temos a oportunidade, por meio da ficção, de dar voz, nome e rosto às mulheres historicamente silenciadas; podemos revisitar o passado histórico livres das imagens estereotipadas.

Atividade aplicada: prática

1. No texto a ser elaborado, pode-se mostrar como a ressignificação do passado é importante na tradição literária afro-brasileira; é possível discutir a relação entre a literatura e a existência de pessoas comprometidas com a resistência negra e com a elaboração de imagens positivas da negritude. Além disso, pode-se destacar as diversas vertentes e temas existentes na literatura negra, como o abolicionismo de Maria Firmina dos Reis.

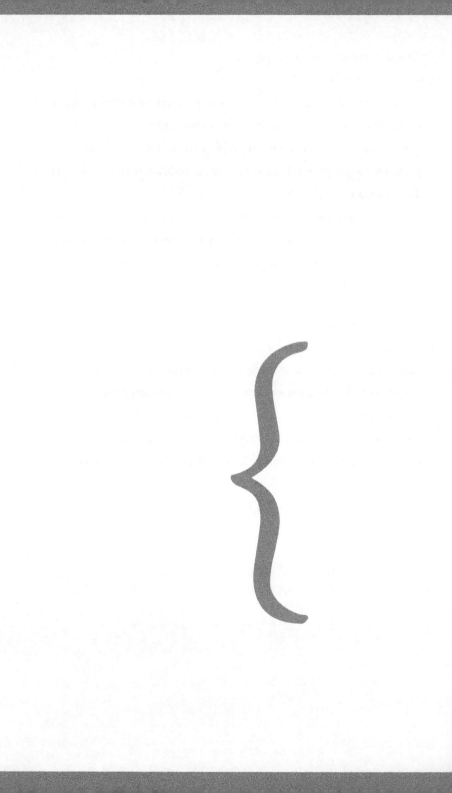

sobre a autora

❦ SÍLVIA BARROS é formada em Letras pela Universidade Federal do Rio de Janeiro (UFRJ). É mestra e doutora em literatura brasileira pela mesma instituição. É professora do departamento de Português e Literaturas em Língua Portuguesa do Colégio Pedro II (Rio de Janeiro), no qual atua na educação básica e na especialização em Educação das Relações Étnico-Raciais no Ensino Básico (Ererebá). É autora da obra *O belo trágico na literatura brasileira contemporânea*, fruto de sua pesquisa de doutorado, e de dois livros de poesia: *Em tempos de guerra* e *Poemas para meu corpo nu*.

Os papéis utilizados neste livro, certificados por instituições ambientais competentes, são recicláveis, provenientes de fontes renováveis e, portanto, um meio **respons**ável e natural de informação e conhecimento.

Impressão: Reproset
Março/2023